# 一生陪你做公主

*A Princess By My Side*

夏克立 黄嘉千

著

文化发展出版社
Cultural Development Press

图书在版编目（CIP）数据

一生陪你做公主 / 夏克立，黄嘉千著. —
北京：文化发展出版社有限公司，2016.4
ISBN 978-7-5142-1081-1

Ⅰ. ①一… Ⅱ. ①夏… ②黄… Ⅲ. ①家庭教育
Ⅳ. ①G78

中国版本图书馆CIP数据核字（2016）第060180号

版权登记号 01-2016-1914

一生陪你做公主
作者：夏克立 黄嘉千

责任编辑：肖润征
特约策划：蔡亚林 宋美艳
特约监制：魏 玲
特约编辑：刘 倩
出版发行：文化发展出版社有限公司
网址：www.pprint.cn
经销：各地新华书店
印刷：北京盛通印刷股份有限公司

开本：166mm × 235mm
字数：200 千字
印张：15
印次：2016 年 5 月第 1 版 2016 年5月第 1 次印刷
定价：39.80 元
ISBN：978-7-5142-1081-1

# 目录

Contents

A PRINCESS BY MY SIDE

## 自 序



## 推荐序

做孩子最爱的情商教练



## 第一章

陪你长成夏天的样子

Contents

## 第二章

陪你成长为
独一无二的
夏天



## 第三章

夏天
会听我们
这样说

## 第四章

### 夏天是我们的镜子



## 第五章

### 我们是狠心的父母



## 第六章

### 《爸爸去哪儿》趣事多

## 后　记

# 自序

黄嘉千

这本书之所以能出版，我必须谢谢我老公夏克立。

为什么要谢谢他呢？因为他的原生家庭就是书里所写的这样，有着非常棒的亲子关系。我从他的家庭里面学习到，我们要把眼睛打开，把耳朵打开，只有看到了一切，才有办法去理解。家庭关系很重要，父母之间的感情也很重要。也可以说，父母相爱对孩子来说就是最大的安全感。

有很多人对伴侣有着很多的怨恨，整天埋怨对方：“为什么你不能多做一点家务，多带一会儿孩子，难道我就没有工作要忙吗？

我这么累，回来还要继续陪孩子，你就不能体谅我一些吗？”其实，这些话根本不需要讲，因为这些事情都是你应该做的，这是你自己的孩子。既然做都做了，何必再生闷气让自己不开心，也让家人不开心呢？

因为陪伴孩子是我们理所应当做的，工作赚钱也是理所应当的，所以又有什么值得抱怨的呢？看到对方回家，我们应该温柔地问一句：“怎么样，你今天累不累？你为这个家付出这么多，谢谢。”而不是看到另一半躺在沙发上不跟孩子玩，就气得要死。

我曾经回到家也这样懒懒的什么也不想理，夏克立也会生气。然后换成他忙碌一天回来的时候，我就在心里面说：“好了，我还你了。”那时候我们两个人会计较说：“你还不是一样，有什么资格说我？”当时似乎理直气壮，但是对维护家庭关系有什么帮助呢？不仅无用，还会毁坏它。

家不能被毁坏，尤其是有了孩子，我们不能任性地破坏它。很多夫妻虽然感情不好，但会因为孩子而选择不离婚，他们是在忍耐。从此刻起，一定要把“忍耐”拿掉，一定要重新开始爱你的老公或者老婆，这样才有办法让孩子看到你们的爱，这样他才会懂得爱。

你不妨回想一下，你当初是怎么爱上他（她）的，为什么决定嫁他或者娶她的，你一定爱他（她）原来那个样子，虽然人都会变，可是他（她）的本质一定还在，你只需要换个方式沟通就好。

谁也不要妄图去改变对方，首先要改变的应该是自己。在你改变的时候，你绝对不要说：“我为了你改变这么多，你为什么还要这样对我？”因为对于你的付出、你的改变，对方一定会感知得到。我以前总觉得委屈，心想：“我为了你改变这么多，你居然还要骂我、还要嫌我？”不明白到底问题出在哪里，明明是在学习顺服对方，为什么还是一肚子委屈？

后来我转换了一下心态就想通了，我做这些事情不是为了讨好他，而是因为我爱他，知道这么做会让他开心。付出的时候如果心里面没有爱，一旦没有达到我们所期望的结果，难免就会心生怨恨。而如果心里有爱，就不会了，对方只要开心就好。看到他开心，我也会开心，就这么简单。

烦恼与欢喜，都在我们的一念之间。你的心态是什么样的，你看到的世界就是什么样的。千万不要觉得做这些事是委屈的，如果把立足点放在委屈上面，那就不要继续做了，因为迟早会爆发。

为什么很多夫妻会走向决裂呢？因为他们永远只想到自己，永远看到的都是自己怎么样付出，我为什么要迁就你？为什么要做这些？为什么不是你做？永远在计较谁做得多、谁做得少。不用否认，这就是自私。

有很多人计较得太多，渐渐就爱不下去了，看不到对方一个优点，眼里全部都是他的缺点，这样感情也就走到了尽头。

其实婚姻和恋爱有诸多不同，婚姻尤其需要经营，需要用心。夫妻之间需要建立一个双方都感觉非常舒服的相处模式，可能开始会有一个磨合期，需要花一点时间沟通、约定一些规则、不间断地出去旅行以保有二人世界等，这样既可以让夫妻关系保鲜，又对家庭非常有益处。如果家庭关系比较紧张的话，这个家庭的孩子也就比较容易焦虑、焦躁，非常羞涩内向。而家庭关系相对来说比较和睦、温馨的孩子，会很开朗，很善于与他人相处，各个方面都会比较好。

所以身为父母，我们要懂得原谅自己的伴侣，要懂得适时修复关系，这是最棒的一件事情，因为一个家庭的核心就是父母。在这一点上，我和夏克立一直都在学习。相比起来，我需要学习的东西更多一些，我希望通过这本书可以跟大家分享我的学习体验。因为我跟你们并没有什么不同，我也是第一次做母亲，我希望能跟大家一起成长，和我们的孩子一起成长。

演艺圈是个忙得满天飞的圈子，我和朋友们常常互开玩笑说："你回到家你家小孩要叫你叔叔了吧，多久没回家了？而且你回去也认不出你的小孩了吧？"这是最悲哀的，而且真的在发生。

虽然被笑的人当时也觉得好笑，但只要回头一想，就不禁悲从中来。这时候就会很想给予孩子一些弥补，就会用弥补的心去养育、陪伴孩子，给孩子买最好最贵的玩具，给孩子很多很多零花钱，结果往往更惨，因为你难免会心生怨气："我对你这么好，你为什么还要跟我对着干？"因为孩子哪里懂得钱的价值？他们不要钱，只要你的用心陪伴。

赚钱重不重要？给孩子更好的物质条件重不重要？很重要，可是大人眼里的财富、地位在孩子眼里一文不值。我们不要觉得自己在外面工作挣了钱，全部都拿来养育他就算完成了自己的义务，父母与孩子之间绝不仅仅是金钱的关系。我们不要认为给孩子衣食无忧的生活保障就是对孩子好，更重要的是和孩子心灵的交流。

孩子最渴望的是与父母分享他的一切，而我们这些当父母的，却往往忽略了孩子的内心需求。长此以往，孩子的情绪找不到发泄和化解的渠道，积累到一定程度就可能爆发，变成一种对抗情绪，给孩子和家庭带来伤害。所以，给予孩子足够的关注、尊重和时间，才是孩子最想要的爱。

面对孩子的不配合、不理解，我们常会说：“你现在还不懂，长大以后就会知道我对你怎么样，我去外面辛苦工作还不都是为了你！”真是如此吗？别再拿孩子当借口了，你只是不懂得平衡家庭与工作的关系而已。

有很多父母，包括我，在外奔波一天累成狗，晚上回到家完全不想讲话，也希望孩子不要来烦扰。可是孩子哪里知道你的心情，他一天没看到你了，满心兴奋地等着你回来，有好多好多事情想要与你分享。

所以，从此刻起，我们要逼自己做一件事情，就是走到他旁边亲他，陪他聊天或者给他讲个故事，哪怕只有半个小时也好，一定要让孩子睡前有一段纯粹的亲子时光。这是亲子关系中非常重要的部分。

凡是与孩子相处得好的父母，几乎都是因为他们肯花时间陪伴孩子，比如做游戏、画画、做家务、聊天、探索大自然等。只有通过与孩子的亲密接触，才能了解孩子在不同年龄段的心理需求。

陪伴是最好的家庭教育，所以，父母之中一定要有一方懂得牺牲，或者轮流牺牲，给孩子高质量的陪伴。我跟夏克立就是轮流牺牲的，如果一直只有一人在那里牺牲，家庭关系也不会平衡。如果家庭里是一人主内、一人主外，那主外的人时不时也要放弃外面的工作应酬，暂时放下自己的事情，回来看看这个家，用心去感受一下孩子的内心。如果回来的时候，孩子跟你说“叔叔你好”或是“阿姨你好”，你作何感想？

面对生活，我们心里得有轻重之别，一定要敢于放弃一些，才会有所得。夏克立就是个敢于放弃的人，我虽然尚不能完全做到，但是也在尝试着去做。

直到现在我才终于知道，在我心里夏天比什么都重要，我终于敢于放弃了，你们敢吗？

# 推荐序

张怡筠 博士

## 做孩子最爱的情商教练

得知夏天的爸妈要出书了，分享他们教育孩子的心得，我很是雀跃！

太好了！

原因之一，做幼儿情商教育的我一直关注《爸爸去哪儿》节目，特别欣赏夏克立和夏天的亲子互动方式，夏爸爸的许多做法，很值得其他父母参考。原因之二，我和夏天妈妈黄嘉千多年前就曾在电视节目中合作过，也一直很欣赏她，更因她有个高情商宝贝，而由衷为她感到高兴！

## 孩子的情商高不高，关键在父母

《爸爸去哪儿》中，每一对亲子都有让人欣赏之处。而小公主夏天，更是收获了许多观众的喜欢。而我认为夏天非常幸运，有一对懂得做情商教养的父母。

这，真是太难得了！

每个父母都希望自己的孩子能快乐成功，却不一定知道该做些什么，才能确保孩子未来真的快乐成功。而心理学上研究发现，情商影响孩子的一生。情商高，不但自己容易快乐，对学习、人际关系，以及未来工作成就都有着关键影响力。我自己从一九九六年开始研究情商，也做了多年的儿童情商教育，平时不论在电视节目上或大型演讲中，我一直提醒大家，在家庭教育中，父母最重要的角色是孩子的“情商教练”，帮助孩子培养情商能力，例如自信、同理心、愤怒管理能力、自制力、冲突管理能力等。

而在这方面，夏天的父母都是非常称职的“情商教练”，他们在节目中表现出来的一些教育方式，其中有几点特别突出，让人激赏，很值得大家参考。

第一，善于和孩子沟通。

节目一开始，父亲和孩子被关在一个小房间内等待。在什么玩具都没有的情况下，有的父亲看手机，有的枯坐无语，而夏天爸爸和夏天有说有笑，亲子沟通极佳。夏克立自己说，他花许多时间陪夏天，和孩子说话。真好！懂得和孩子沟通，是他们亲子关系里面最营养的元素之一。

很多父母觉得，陪伴孩子就是要和孩子一起玩玩具，或者一起看电视，没有这些媒介，就失去亲子互动的桥梁而手足无措。夏克立的做法说明了另一种状态：只要我跟孩子在一起就行。我觉得这才是最成功的亲子教育——不需要任何工具，两个人就能愉快相处。这代表这段亲子关系的本质很好。

第二，关注并接纳孩子的情绪。

发现孩子有负面情绪时，很多爸妈常有的做法，就是对孩子大喊：“你有什么好生气的？你有什么好难过的？……你不准哭、不准闹了……再闹我就收拾你……”而夏克立却有截然不同的做法，他很关注孩子的心情，会温柔地对夏天说：“我知道你不开心……”他关注孩子的情绪，并懂得接纳，这么做会让孩子感受到爱，也是情商教育的基础。许多父母都忽略了，其实孩子的情绪是沟通的方式之一，被忽视是最糟的情商教育，孩子以后就不易觉察并在意自己及他人的情绪。

第三，温和而坚定地教孩子规矩。

在有一期节目里面，夏天因为没有说到做到，被老爸处罚了。夏克立温和地说出惩罚原因，然后要夏天接受惩罚到一边站着。要一个人在镜头前当众被处罚，假如平时的情商教养不佳，孩子没有自信，就会很容易因此觉得自己好糟糕，难受哭闹。

然而，我们看到夏天小公主不哭不闹，欣然接受。在罚站时，诺一来问原因，夏天很平静地说："我在罚站呢。"夏天的反应说明了，夏爸爸平时不但爱孩子，也很重视教孩子，有规则有立场，如果孩子没做对，也会给予惩罚（但不打不骂，而是用暂停冷静法，要孩子冷静思考）。

真是幼儿教育的教科书做法，非常用心的老爸！耶耶！此处值得有掌声！

我听过一些父母说，如果自己不打不骂用暂停法，孩子是不会听话的。仔细一聊，往往是因为他们并没有很认真地坚持执行，父母出尔反尔，当然效果不佳。

许多父母对"教规矩"不拿手，孩子做错事，要不就狠狠打骂，要不就忽视溺爱。其实溺爱是对孩子最大的伤害，因为父母放弃了教育孩子的机会，剥夺了孩子成长的权利。而打骂更是最伤害孩子自信的做法，非常不可取。夏天爸爸的做法很值得参考，当父母教育得当时，孩子内心有很多的爱和自信，既学到了正确做法，也不会影响自信。

第四，培养孩子的同理心。

夏爸爸很重视孩子的同理心教育，节目中有一幕让我印象深刻。按照规则，夏天、轩轩和大俊这三个孩子里面，必须有一个孩子跟他老爸接受惩罚，留在沙滩上住很破的帐篷。最后，轩轩在老爸邹市明的鼓励下，有些委屈地说："我住吧。"于是夏天拿到了奖励，很开心地跑回来对爸爸大喊："好棒啊！"此时，夏克立的反应让我觉得特别佩服，他对女儿说："我们不要太高兴，轩轩没有拿到奖励而正难过呢。"

哇！这个爸爸从小就在教孩子怎么样去关注、留意别人的情绪，培养同理心。孩子在自己高兴的时候，也不要忘记去体会别人的感受。他告诉夏天：轩轩刚刚挺身而出，就等于帮了我们一个大忙，我们因此才能住很棒的房子，吃好吃的东西。

我的观察心得是，许多父母都忽视了培养孩子的同理心，所以孩子总是以自我为中心，这样的人不受欢迎，长大后成了心理学家口中的"巨婴"——外表像大人，但内心仍是个婴儿。所以，夏天爸爸在这部分的教育方法，非常值得父母们学习参考。

# 如何培养像夏天一样的小公主？

几乎所有小女孩都有公主梦。

事实上，是因为许多爸妈有公主梦，希望自己能培养一个小公主出来。

然而，并不是穿着蓬蓬裙戴着小皇冠，就能成为小公主。绝大部分的父母都没有找到钥匙帮助孩子成为真正的公主。但夏天的爸爸妈妈却做到了！所以大伙儿都说，夏天是个没有公主病的小公主。

黄嘉千告诉我，从小所有人看到夏天都会说：“你好漂亮，好可爱。”可是她不希望女儿从小就把美丽作为自己最重要的优点来看待。所以从夏天三岁多开始，她常和女儿一起阅读一本书——《最美的礼物》，里面有奥黛丽·赫本说过的几句话：“真正的漂亮不在于服饰、珠宝或是发型，而在于我们能否关怀别人、用热情拥抱生命，以及用自信面对世界……”

她很有意地常念这本书给夏天听，可见这对父母非常清楚地知道，内心比外表更重要。所以他们家的家教真的特别好，因为这对父母能够关注到孩子的心理发展，关注到孩子的情商成长。

我发现有许多女孩因为外表漂亮，反而影响了自己的内心成长。因为所有人都说“你好漂亮啊”，她就会觉得，仅凭这一点就可以让别人喜欢自己，根本就不用做别的。我觉得夏天的爸妈做了一个特别漂亮的示范，一个女孩最大的自信应该来自内心。

这不禁让我想到我认识的一个80后女孩，从小到大她都很漂亮，她给人一种清澈、干净、有灵性的感觉（我第一眼看到她就在心中惊叹，以前文艺小说里面的女主角还真有其人）。

她的家教特别好，是个让人衷心喜欢的女孩。因为外表，以前还被大导演拉去做演员，只不过爸爸妈妈没有同意。她的爸妈都是读书人，她说，从小别人都夸她好看，但她的爸妈从不表扬她的外表，而是时常表扬她的思想。从小就跟她说：“我觉得你刚刚讲的话很有道理，我觉得你是一个很有想法的女孩。”

这个女孩绝对有做公主的本钱，却没有公主病。相信夏天长大，一定也是如此有教养、有内涵的“真公主”。

所以，如果家里有一个漂亮女儿，请常常称赞她的思想，而非外表吧！别让女孩只以自己的外表为荣，更别让她因为美丽而变得一辈子肤浅。

# 最好的教育，是帮助孩子成为最精彩的自己

夏克立在节目中的出现，也引起了一些中外家庭教育不同的讨论。

如果要做一些分析，我个人的观察心得是，北美的父母大多数认为，教育孩子是为了帮助孩子成为他自己，成为有能力独立的人。所以他们从孩子出生的第一天开始，就把孩子当成另外一个独立个体来看待，会着重培养孩子的内在能力。因为他们知道，十八岁以后这个孩子就要独立靠自己了，必须让他们有能力独自面对这个世界。

而亚洲比较多的父母，则是把孩子当成自己生命的延伸。子女就是父母的一部分，所以他们培养孩子的时候会想，我要尽我所能，给我的孩子最好的一切，让他去开创属于“我们”的未来。因此中国的父母亲会特别在意孩子的外在表现，如果孩子的学习不好，上的学校不好，这不好那不好，父母就会认为是他们的失败，是他们没有能力为孩子安排美好的一生，因而容易焦虑，也压力山大。

我曾经参加过一位朋友孩子的百日宴。我到现场的时候，小宝贝正闭着眼睛在睡觉，模样很是可爱。孩子的妈妈就跟我说：“张

博士啊，我都想好了，我们正在装修一座房子，过一年就搬过去住，这样他就可以念某某幼儿园了；然后要念小学的时候，我们会搬到另外一所房子，让他去念 ×× 小学；初中念 ×× 中学；高中念 ×× 中学；大学要念复旦……”我看着怀里这个小宝贝，他才活了一百天，可是他的父母却把他未来的一百年都规划好了，还没问他自己，他此生有什么理想。

## 最理想的亲子关系，就是让彼此都幸福

我觉得这两种不同的教育理念和文化背景有关，本身没有优劣胜负之分。但是，如果从幸福的角度来看，哪一种亲子关系比较容易让彼此都幸福，可能就容易有答案了。

幸福亲子关系是什么概念？就是这个亲子关系让彼此都轻松、都开心。

为什么许多父母亲会觉得自己很辛苦？就是因为他们希望孩子样样都好，很在乎孩子外在的表现，有的时候却忽视了对孩子内在能力的培养。

不同的教育逻辑，关注的焦点不同，问出的问题不同，培养出来的孩子能力也不同，更重要的是，老爸老妈辛苦的程度差别很大。培养出来的孩子有能力，父母就会比较轻松，因为孩子将来可以用这些能力面对、解决很多问题。就好像打游戏时，背包里有装备一样，这个孩子背包里的装备越多，他接下来的人生旅程就会越轻松。

但是有些爸妈在意的是，如何让这个关卡变得简单些，让孩子避免碰到很难的关卡，这个孩子的背包里面没有任何装备，所以父母只好辛苦地天天带路，一旦遇到什么挑战，还得一马当先帮孩子挡掉。

女生也可以打拳

# 教育的本质，是让孩子有幸福能力

我演讲的时候常会讲一个故事：有一个九岁的男孩来参加我们的情商夏令营，有一次他数学没考好，他的妈妈就给他买了一大堆练习题来做，天天骂他："你怎么考那么差！"有一天，男孩在写数学练习题的时候，抬起头来，泪流满面地问他的妈妈："你为什么把我生下来？就是为了让我来考试的吗？我这一辈子就是为了考试而生的吗？"

他把妈妈问傻了。第二天这位妈妈跟我说："我真的觉得很惭愧，我从来没有想过这个问题，我把孩子带到世界上来，目的是什么？"

好问题！每个父母都应该先想清楚这个问题。

心理学家们有个答案，值得父母参考。

幸福，是生命的终极目标。所以把孩子带来这个世界，是来体验并积累幸福感的。让他感受这个世界的精彩，成就他独特精彩的人生。

因而父母值得想的问题是，我的孩子他是什么样的人？他希望有什么样的人生？他做什么事情会开心？他这辈子的使命是什么？我要怎么做才能帮上他的忙，成就他自己？

这个问题一想明白，就会有截然不同的视角来看待亲子关系及家庭教育。

谢谢夏天和她的爸妈参与节目，让我们看到精彩的情商家庭教育可以如何落实。相信这本书的出版，会让更多读者从中受益，有机会再一次思索，该如何和孩子沟通，如何建立良好的亲子关系。

更重要的是，如何帮助孩子找到幸福力，做最精彩的自己，而不枉此生。

拍《爸爸去哪儿》的那些天

Princ

Daddy

# 1

# 第一章

## 陪你长成
## 夏天的样子

*A Princess*
*By My Side*

Kiss poppy

Chapter 1

37

# 我要做爸爸了

夏克立

嘉千三十六岁才怀上夏天，在刚刚怀孕的头三个月里一直出血，我们都好怕小孩子会没了，因为嘉千的身体状况不太好，之前就有过这样的情况。医生跟她说：“你最好躺在床上，不要做任何事情。”所以她那时候每天就躺在床上休养安胎，一直到第四个月，情况才稳定下来。

怀孕七个月时，嘉千在加拿大的家中突然晕倒了。那时我在其他地方工作，听说之后，着实吓得不轻。嘉千的医生跟我说：“为了避免这种情况再发生，需要家人一直陪同，尤其是在洗澡的时候，一定要有人陪着。”所以我赶紧飞到她身边，她每次洗澡，我就坐在旁边等。

为了做一个合格的爸爸，我开始疯狂地看各种怀孕以及育儿的DVD和图书，比如说孕期五个月的时候宝宝会怎么样，六个月时候会怎样，七个月的时候宝宝应该长成什么样了等。

为了宝宝能够平安地在妈妈肚子里面待到降生，我还特意换了车。我们以前的车是跑车，路面稍有不平，车子就会比较颠簸，她都感觉得到，所以我花了一个星期去试车。我专门找了一条路况很糟糕的路，每一辆都开过去看有没有颠簸感，能感觉到颠簸的都不买，后来终于找到了一辆开在路上没有颠簸感觉的车，我就立刻买了下来。

整个孕期，嘉千都非常辛苦，所以，我也能理解她为什么现在会对夏天抱有这么高的期望和控制欲，因为十月怀胎实在是太不容易了，而且她还是剖宫产。

宝宝的预产期原定在十一月底或十二月初，因为夏天在嘉千肚子里脐带绕颈三周，医生建议我们进行剖宫产。我和嘉千讨论后，决定以我妈妈的生日作为宝宝的诞生日。手术那一天，嘉千非常紧张，我不放心让她孤军奋战，也跟着进了产房。

进去之后，嘉千一直很紧张，她问我："还没有开始吗？我听到很多声音。"我告诉她，那是医生和护士在准备工具。然后医生进来了。已经开始手术的时候，嘉千又问我："是不是开始了？我感觉到肚子里有东西在动。"为了安抚她的情绪，我说："不是，他们在准备产床。"其实那一刻我已经看到有血冒出来了。

宝宝被拿出来以后，医生问嘉千：“你要不要看你的小孩？”她这才知道已经生了。医生又问我：“爸爸要不要来见一下？”我试图站起来，可是前一晚本来就没睡好，加上生产的场面血淋淋的，所以站起来的时候，眼前一黑，差点昏倒。两个护士见状就来扶我坐下。

嘉千这时候突然想起来问护士:“我的小孩子有没有像外国人？”我觉得这个问题很奇怪，后来才反应过来，因为女儿是混血宝宝，所以她担心她的相貌会很奇怪。

很多人在微博上看到我经常晒娃，就问我:“夏天刚出生的时候，你一定高兴坏了吧？”其实那时候我并没有很兴奋，我也不知道为什么，可能我还没有进入“爸爸”这个角色吧。所以嘉千总是问我，为什么我感受不到你做爸爸的那种激动。

要知道，妈妈从得知怀孕的那一刻就开始激动，会把所有注意力放在孩子身上，每天都感觉得到小孩子在身体里面的成长，所以他们之间的心理距离很近。可是爸爸往往是在孩子出生好几个月以后才能体会到做爸爸的感觉，才会彻底明白自己的角色发生了改变。

那一天，我正在给夏天喂奶，她看着我的眼睛，好像认得我。那一瞬间，我觉得这可能就是爸爸的感觉吧。其实她那个时候才三个月大，不可能知道我是她爸爸。看着她一天天长大，我渐渐发现她的容貌越来越像我，我的眉毛超级长，她的眉毛也超级长。我心里说：“嗯，这就是我的女儿。”

*Chapter 1*

—

41

# 新手奶爸
# 成长史

夏克立

夏天是二〇〇九年十二月二日出生的。

夏天刚从医院回到家里的第一周，我每晚都没办法睡觉，会时不时地起来去看她是不是在呼吸。其实她睡得好好的，但是她一动不动的话，我就会紧张地看看她有没有问题，有时候还故意动她一下，看她有没有反应，看到她伸伸胳膊或者打个哈欠，我才能放下心来。

中国的传统观念认为，月子里妈妈不能去外面，怕风。但我完全不听这一套，经常会带嘉千去外面散步。我妈妈是护士，她告诉我，晚上要帮夏天洗澡，给她喝奶，然后再哄她睡，这样她可以睡到第二天九点。可是我岳母说不行，晚上不能洗澡，可能是这边的传统观念吧。他们觉得晚上比较冷，小孩子可能会感冒，所以都是白天给她洗澡。

但我还是按照我妈妈说的来做，她一觉就会睡到第二天上午九点，因为她晚上洗了澡血液循环会变得很好，喝奶就会喝得很香又很多，吃得饱饱的就很容易入睡。有时候她凌晨四点会醒来，起来喂了她，她就会接着睡。

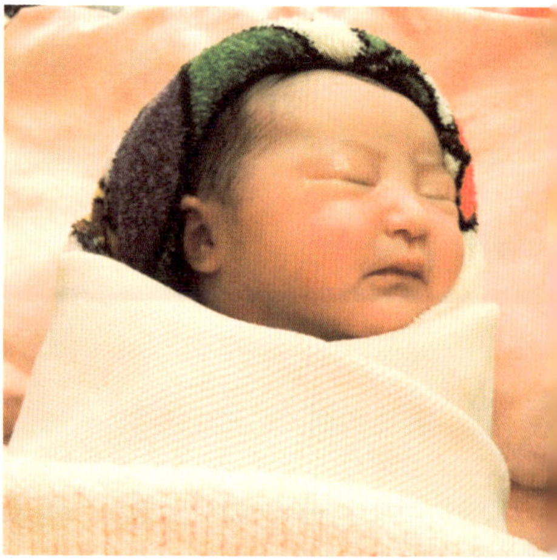

夏天第一次游泳是在她三个月大的时候，在巴厘岛的游泳池。我们把她丢进去，等到她累了，再把她捞上来。中国很多父母会觉得害怕，不敢试，但是我就比较放得开。夏天现在在水里面就像一条小鱼，她感觉非常舒服，自由自在。我们在上海的饭店里，她每次游泳都可以游很久，在水下面憋气的时间也很长，这都有赖于我们从小对她的训练。

Poppy 出生，全家住在月子中心

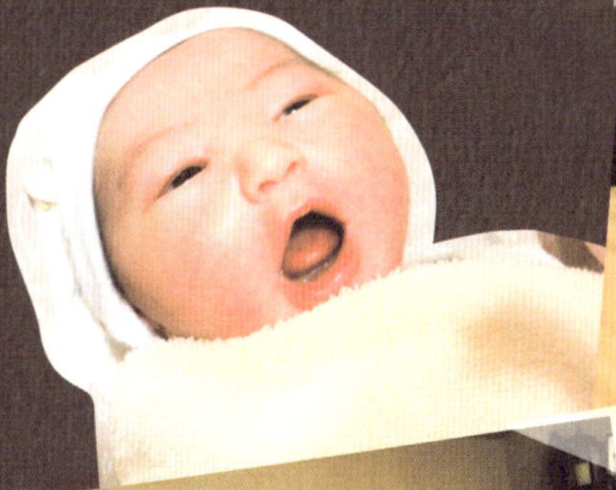

Poppy 回家第一天，
爸爸忘记穿上衣

# 终于修炼成无敌奶爸

夏克立

夏天出生以后，基本都是我在照顾她，帮她洗澡、帮她换尿布，包括喂奶也是我在做。因为嘉千那时候奶水太多了，白天总是胀得很难受，没有办法喂夏天。虽然她喂奶的时候非常痛，但我们在育儿书上看到，母乳是宝宝成长最自然、最安全、最完整的天然食物，它含有宝宝成长所需的所有营养和抗体，尤其是母乳中DHA（二十二碳六烯酸，俗称脑黄金）的含量很高，这对于宝宝脑神经的发育是十分有利的。宝宝依偎在妈妈的怀中，既能满足进食的愿望，同时也能获得安抚，妈妈的气味、体温、心跳、呼吸等都可以帮宝宝建立最初的安全感，同时还可对其智力发育起到促进作用。所以每天无论如何，嘉千在晚上睡觉前都会亲自喂夏天一次，其他时间都是她挤奶，我来喂。

我在喂夏天的时候，有时候会抱着她，唱歌给她听。那个时候夏天的眼睛圆溜溜的，她就那么一边看着我的眼睛，一边喝奶，我心里说："我女儿怎么可以这么可爱！"

我还爱给夏天洗澡，夏天一岁半之前，都是我帮她洗的。第一次给她洗澡的时候，她好小啊，身体非常非常软，皮肤十分娇嫩。给婴儿洗澡是很讲技巧的，幸好我们在医院的时候，护士教了我，我还录了视频然后回家对着视频学。不过，我们家的视频以及照片里面我出现得比较少，为什么呢？因为我一般都是那个拍视频或者拍照片的。

夏天两岁之前都没有头发，我快急死了，因为这个事情我还特意去医院向医生咨询。医生告诉我，这不算什么问题，宝宝在生长发育特别快的时候，营养只能供给她心脏和身体的其他部分，就供不到头发了，所以会出现这种情况，再大一点就好了。果然，长到三岁的时候，夏天的头发就生长得非常好了。

在巴厘岛

快三个月，游泳吧

第一个圣诞节在加拿大

爸爸帮我洗澡

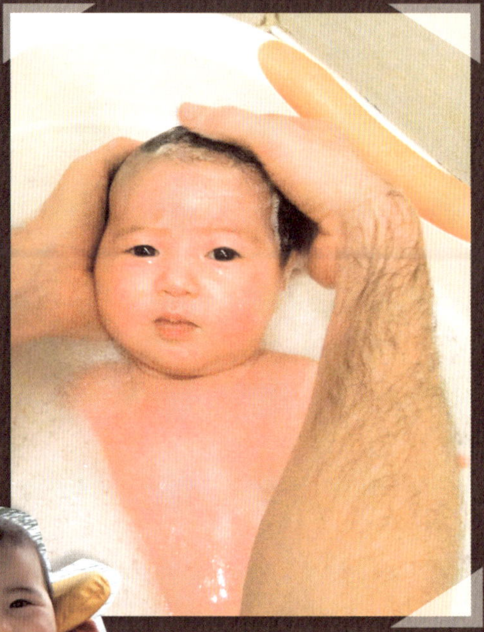

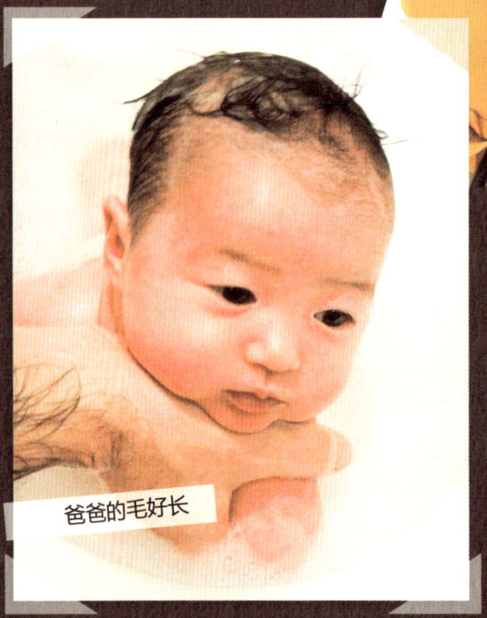
爸爸的毛好长

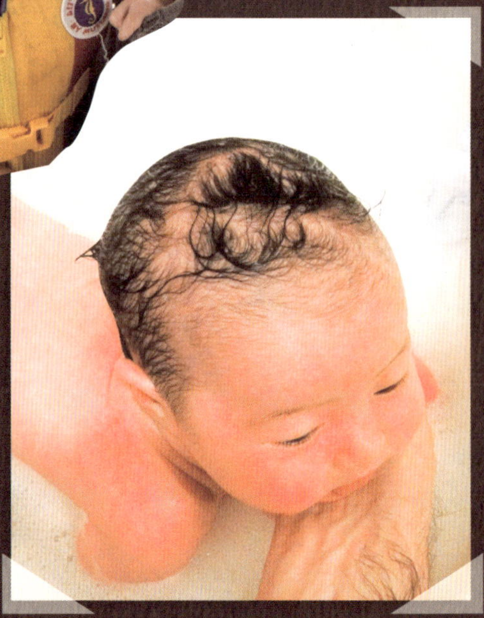

# 每天都有古典音乐和睡前故事

夏克立

夏天小时候，我经常播放古典音乐给她听。晚上睡觉前，我会先给她洗个澡，喂个奶，然后开始抱着她，唱歌给她听，她听着听着就睡着了。

她睡着以后，我还会放古典音乐，只不过声音会调低很多。育儿专家说，小孩子睡觉的时候多听古典音乐会变得比较聪明。因为孩子虽然睡着了，但大脑没有完全休息，有些神经细胞还在工作，它们对外界的声音信息还有接受能力，所以，在睡眠中还可以学习。

我自己对此就深有体会。我在法国读大学的时候，功课很忙，没有时间去学希腊文，可是我计划去那边旅行，怎么办呢？我就买来希腊文的录音带，睡觉的时候我就放来听，往往听着听着就睡着了，可是我都听进去了，有的时候还会做希腊文的梦，跟人家讲希腊文，然后梦里面有个人会教我一些单词，醒来后如果我忘记是什么意思了，就会去查字典，这样就会记住了。这种方法被叫作“睡眠记忆法”。不过，这种方法不宜长期使用，因为大脑会太累。

除了古典音乐，我也会读书给她听。夏天不太会说话的时候，她对一切都好奇，都想放在嘴里尝尝是什么味道，常常把书放在嘴里咬。所以，那时候我们会选择硬壳的图画书，每一页都是撕不烂的。

现在书店里给小孩子看的书分类越来越细，零到三岁看什么，三到六岁看什么，都是不一样的，不同年龄阶段有不同的故事书。从夏天一岁半到现在，睡觉前我们都会念书给她听。我念英文书给她听，嘉千念中文书给她听，有时候白天也会念。

本来我以为所有父母都是这样做的，问过别人几次才发现，很多父母并没有这样做，我觉得很可惜。我小的时候，也有二十几本绘本，每天都很期望有一个固定的时间能跟爸爸妈妈在一起，他们会坐在床上念一本书，或者讨论一下今天发生的事情，那种感觉很温馨。

有一次，夏天不肯吃晚饭，嘉千就告诉她：“好，你今天不乖，不吃晚饭，那今天晚上就不念书给你听了。”虽然我不太赞同，但我们早就有约定，不能在小孩子面前说不一样的规定。但是事后我还是跟嘉千商量：“今天OK，我们遵守约定，但是以后可不可以不要用这个来威胁她呢？你把点心拿走或者罚站都OK，但是亲子读书的时间是我们一家三口很宝贵、很美好的时光，不能因为她不乖就不做。”

这就好比妈妈对孩子说：“今天你做了不乖的事情，所以妈妈不爱你了或是妈妈很不开心，你怎么可以这样子，我没有你这样的小孩！”这种话父母再生气都不能说，会对孩子伤害很大。亲子阅读是一种爱的表现，睡觉前父母念书给孩子听，也是父母责任感的体现。这种感觉会很美妙，也会让孩子更有安全感。

现在夏天已经认识很多字了，晚上睡觉前，变成她念书给我听了。

# 她上幼儿园，我们超嗨

黄嘉千

夏天第一天上幼儿园的时候，我们两个人是抱着很新鲜的心情送她去的。因为不知道她到了那里会是什么样子，我们很期待，也感觉很刺激，就像要去一个陌生的地方探险一样，完全不像有的父母那样有生离死别的感觉。

我们送她去的时候，一进门她就看到有很多小朋友已经等在那里，她自己就默默地走了进去，时不时回头看我们一下。然后老师就过来说，家长走吧。我们两个走出去的那一刻，觉得瞬间就解放了，太爽了，现在没有小孩在身边，想干吗就干吗。

中午也没接到幼儿园老师打来的电话，我们俩开心地玩了一天，那感觉真好。我们从来不担心她会怎么样，虽然她那时候还小，只有两岁，还穿着尿不湿呢。下午放学我们去接她，就跟往常一样，并没有表示出今天有多特别。

她从幼儿园回来的第二天，我们也当什么事情都没发生过，该干吗干吗。到了第三天、第四天，她才开始有了一些变化。当我们把车开到学校附近的时候，她会突然大哭。不过，又过了几天，她就彻底适应了，没事了。这可能与我们平常对她的训练有关。夏天从小就被我们带出国，到处飞到处跑。两个月大去了巴厘岛，四个月大去了泰国，八个月大去了加拿大，每年都会有很多旅行安排。我们就是想让她学会随遇而安，虽然我们不会在一个固定的地方睡觉，可是我们会在固定的时间做固定的事情。比如说，她下午一点钟要睡觉，那么无论我们在哪里，这个时间一定会让她睡觉。我们一直就是这样训练她的，所以出去跟朋友吃饭的时候，她从不会突然说："妈咪我想要睡觉，我们回去好不好？"从来没有。吃饭的时候就好好吃，如果到一点了就抱起来，放到旁边让她睡，然后我们继续吃饭，环境再吵也无所谓。因为我们从小就很少让她在一个安静的地方睡觉，或者开着电视，或者大人讲话，她已经习惯了，无论怎样她都睡得着。

话又说回来，第一天上幼儿园每个小孩的反应都不一样，父母的反应也会影响到他们的举动，很多小孩子会失控，号啕大哭，爸爸妈妈也会痛哭流涕，一幅生离死别的情景。我们那时候心里想说：

“奇怪，我们怎么没有这种感觉？”送孩子进去以后，别的父母都在哭，而我们竟然没哭，是不是我们有问题？不但没哭，我们还很开心，因为带孩子真的太累了，以后有人帮着管了。

虽然乐得轻松自在，但我们也会想知道她在幼儿园的表现，所以会经常跟老师保持联系。

# 妈咪，他为什么不喜欢我

黄嘉千

夏天第一年上学，实在太小，回来之后问她今天在幼儿园学到什么，她什么都讲不出。到了第二年，她就可以讲清楚了。放学的时候，一上车我就会问她在学校做了什么，最开心的是什么，她会绘声绘色地说给我听。有时候她着急看电视，就会说“我忘了”，这时我会说：“不行，今天你要先跟我聊天，我们说好的，上车第一件事就是聊你在学校做了什么。”

她刚开始懒得聊，她在学校待了一天已经很累了，所以不想复述一遍学校发生的事情。我会说：“可是妈咪想知道，你可以跟我说吗？不然妈咪都不知道你在学校干了什么，还得打电话问老师。”

她一听要问老师，就开始跟我说，她今天在学校里玩了什么游戏，唱了什么歌，跳了什么舞。接下来我会问："你感到最快乐的事是什么？"她说，就是跟谁谁一起玩扮家家酒，然后谁是爸爸、谁是妈妈什么的。

有时候她也会讲，谁谁谁不喜欢她。

我就问："然后呢？"

"我好难过，他为什么不喜欢我，为什么不跟我玩？"

"没关系，搞不好是他今天心情不好，他昨天不是跟你玩了吗？"

"他今天突然就说他不喜欢我。"

"他可能心情不好，那你要去安慰他，说你心情是不是不好，为什么会这样。"

我通常不会教她说："那你就不要理他。"我不会讲这些，因为我觉得这样会让孩子越来越自我，不懂得从对方的角度考虑问题。我会跟她说："对方肯定是心情不好，有时候你还不是一样？你心情不好的时候，不是也说过不理我，对不对？所以你要这么想，他可能在家做了不好的事情，被他妈妈骂了，或者他遇到了什么很烦心的事情，再或者是你做错了什么事情让他不开心。这些你都要问人家啊。"

我一直这样不断地引导她，所以夏天现在遇到这种情况的时候，会跟对方说："如果是因为我你才不开心，那我跟你说对不起，你可以原谅我吗？"我觉得这样才是正确的为人处世的态度。

其实孩子的世界是非常单纯无邪的，我们教他什么他们就以为是什么。有时候，他们第一反应就是：既然你不喜欢我，不跟我玩，那我也不喜欢你，不理你了。这个回答是从哪里来的？常常就是模仿来的，或者模仿父母，或者模仿电视中的人物。

有一次，夏天说了一句很不好的话，具体内容我不太记得了。我就看着她说：“夏天，这句话怎么来的？你跟谁学的？这不是妈咪教你的。”然后她默默地说：“没有，我看电视学的。”我说：“OK，是哪一部片子？以后不准再看了。妈妈给你看电视是想要你学好的事情，不是给你学不好的事，以后那部片子不准看了，你可以看其他的。”孩子的很多话说出来的时候，其实是无意识的，经过这番谈话之后，她就知道这句话是不能讲的，下次就会引以为戒了。

有时候我也会累

# 给她大哭发泄的时间

黄嘉千

夏天的一天是怎么度过的呢？

每天早晨，一切都很自然，不需要我们催促，夏天八点准时起床，先去上厕所，然后刷牙洗脸、穿好衣服，最后坐下来吃早餐，八点四十分出门去学校。下午放学的时候，我们去接她之前都会准备一些水果，她一上车就会问：“水果呢？”到家后，她进门的第一件事就是去洗手，洗完手之后开始玩她的玩具。

我们家每天晚上六点多吃晚饭，吃饭的时候我们会聊聊天。我们比较忙的时候，为了给她一点安慰，会让她一个人看着电视吃饭，我知道这是非常不好的，所以只是偶尔为之，实在没有办法陪她的时候才会这么做。吃完晚饭，大概八点，夏天开始洗澡，八点半上床，然后我会花一个小时的时间讲故事给她听。

我们绝对不是很完美的父母，但我们了解夏天，知道她会遵守我们的约定，吃完饭就会乖乖去做作业或者做手工，不会因为沉迷电视而影响学习。平日里，一旦我跟她说某件事不行的时候，她也不会跟我乱发脾气，跟我闹。如果你的小孩做不到这样，那还是不要给她这种机会的好。

此外，我们也应该给孩子一点点发脾气、任性的权利，比如有的时候她累过头了或者情绪失控，我会让她疯。有几次我听到她在厕所里面大哭，这时我不会冲进去说：“你不可以这样。”我会让她完全发泄出来，因为孩子平常被各种管教约束，心里肯定是有压力的，所以我会给她一点发泄的时间，慢慢地，她自己就会平静下来。

而我也很享受这段时间，因为我知道她在释放压力，能够释放出来才会轻松。所以我会平静地看着她，有时候还会笑出来。

孩子往往不懂得怎么发泄，但我们作为父母，也不能让他们总用这种方式发泄。夏天在短时间内有这种状况是 OK 的，如果总这样那就不行了，我会对她说：“夏天，你冷静一下，先听妈妈说。”我会帮助她发现自己的内心，找出那个症结，然后面对它、解决它。

有时候我也会难过

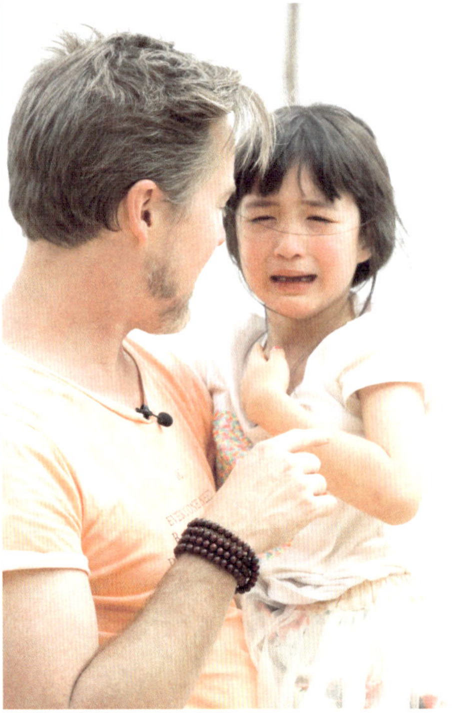

# 生病了<br>有高级享受呀

黄嘉千

小孩子生病是常有的事情，大多数孩子都很享受生病的时间，因为不仅可以不用去上学，还可以做很多平时不被允许做的事情，吃平时不被允许吃的食物。夏天也一样，她生病的时候从来不闹，因为她知道她将有很高级的享受。

比如说她发烧了，她会先问我："我生病了吗？"她心里其实已经有了一种期待，如果她真的生病了，我会说："你今天不能去学校了，会传染给其他小朋友。"然后我们会把她带到客房去，因为客房的床是沙发床，可以移动。我们就把那张床布置好让她躺在上面，盖好棉被。天气如果有点热，再开一点小冷气，然后把一盘切好的水果摆在她旁边，把电视打开，问她："夏天，你今天想看什么电视？"平常不能看的节目，现在她都能看了。所以生病对她来讲，是再开心不过的一件事情了。

除了这些心理上的抚慰，给她吃药的时候她也很配合。也许有很多小孩吃药的过程让父母无比痛苦，因为孩子会有五花八门的抗拒行为。夏天之前也会抗拒，可是自她懂事之后，我们就开始跟她讲："夏天，如果你不吃药，就要像这样一直发烧；如果你吃了药，就可以跟你的小伙伴出去玩了。你选一个。"

而且给她吃的药一点都不苦，因为我会给她加一点糖浆，我说："你先闻闻它是什么味道的，草莓、葡萄还是橘子？这么好闻，我都想喝了！"小孩子之所以抗拒吃药，就是因为一提到吃药，父母下意识地就会摆出一副很严肃的模样，弄得孩子也很紧张，就会抗拒吃药了。我们从小就让她先闻糖浆的味道，不会跟她讲那些是药。等她吃完饭之后，我会告诉她，这是饭后的点心，所以夏天现在对吃药这件事没有一点点恐惧。

其实在我们家，如果夏天发了烧，也不一定马上就会带她去看医生，我们会先观察她的状况。如果带她去看医生，最大的原因也不是为了拿药，我们都觉得小孩子生了病不一定要吃药。我们只是想要通过医生了解她的症状，会不会引发什么严重的问题。一旦医生说没有，她就是一般感冒，那我们就放心了，就会带她回家。

只有一次是真的很严重，那是二〇一〇年，当时夏天才一岁多，我们全家都得了H1N1（甲型流感病毒），被隔离在医院里。先是夏克立中了招，他刚一确诊，我就赶紧请我妈妈把夏天带走，免得她也被传染上。当天半夜，我也开始发烧，第二天一早我一个人去了医院，因为我的烧已经退了一点，所以医生说可以不用住院。但是送走夏天还是晚了一步，她到我妈妈那边的当天下午，我哥就打来电话说，夏天发烧了，紧急送她去了医院，医生听说夏天的爸爸病得那么严重之后，还没有检查就直接让她住院，并且隔离了起来。

就这样，我们一家三口无一幸免，全都被隔离了，而且夏天还住在另外一家医院，我们将有七天不能见面。小孩子得了H1N1是最可怕的，况且她还那么小！那时候电视上几乎每天都有H1N1患者死亡的信息，不是老人死，就是小孩死。我总是忍不住胡思乱想：夏天万一有个三长两短可怎么办？她会不会死？我好害怕她会离开我，日夜揪着一颗心。

我哥知道我有多担心夏天，所以通电话的时候都不敢跟我讲实话，只说："我们在照顾她，你就放心养病吧！她是发烧了，但已经打了退烧针，再加上吃了药，烧已经退了。"其实那时候夏天依然发着高烧。

一般的感冒发烧，有药可以控制，可是那时候还没有研制出H1N1的特效药，我们一家三口可以说是生死未卜，所以感到特别恐惧。这件事，也让我明白了生命与亲情的可贵，事后我也常常讲给夏天听，让她知道爸爸妈妈有多爱她。

# 从分床睡开始让她独立

夏克立

有一期节目里面，夏天晚上和妈妈通电话，嘉千说：“妈妈在工作，你乖啊。”夏天就很懂事地说：“妈妈再见。”然后把电话挂了。很多网友都说，夏天太乖了，知道妈妈去工作，就自己擦掉眼泪，说妈妈再见，而不像别的孩子一样纠缠妈妈，哭着喊着要妈妈回来陪她怎么样的。其实这都要父母好好教的，在中国有些父母认为，很早就给孩子独立的房间、独立的床那是外国人的做法，所以小孩子从小就跟父母一起睡，睡到很大还不分床，事事依赖父母，有些人到了十八岁还无法独立。

为了迎接小夏天的到来，我帮她准备了一个可爱的小房间。在加拿大，小孩子从出生起就有自己的房间，也要一直睡在自己的房间里。但是在她很小的时候，为了便于夜里照顾，我们把她的小床放在我们的房间里，放在我们的床旁边。因为总听到新闻上说，哪个爸爸或者妈妈晚上翻身把小孩子压伤了，所以我们不睡在同一张床上。这对妈妈也比较好，因为她晚上起来喂奶的时候很方便，我每天晚上也会起来看她是不是 OK。

长大之后，她晚上想要跟我们睡是不被允许的，她要睡她自己的床。有时候她也会半夜偷偷溜到我们的床上，想要跟我们睡。时间还早的话，她玩一会儿就得回到她的床上。如果我们知道她很累，也会偶尔允许她睡一个晚上，早上在她醒来之前把她抱回自己的房间，然后跟她说："你好棒啊，自己睡一张床。"

我觉得，孩子两岁后就可以尝试分房间，最晚四岁之前，因为孩子越大，这个过程就越困难。很多父母都觉得，让孩子单独睡觉比断奶还要困难。有的孩子一听分开睡都会大闹一场，有的十多岁还和父母一起睡。但是不管怎样，和孩子分床睡好处还是多多的，也是必须执行的。

儿童教育专家说，父母与孩子分房睡有很多好处，从孩子出生的时候就分床睡，有助于培养孩子独立空间的感受能力，他将来发展独立意识的时候，才能够顺利"接轨"。孩子与父母分房睡，也可以避免父母将呼吸道中的病菌传染给孩子。

与孩子分房间之前，可以给孩子一段接受期和适应期，要提前告诉孩子分房间睡觉的时间，比如在他几岁生日那天，还可以与孩子一起布置他的房间。

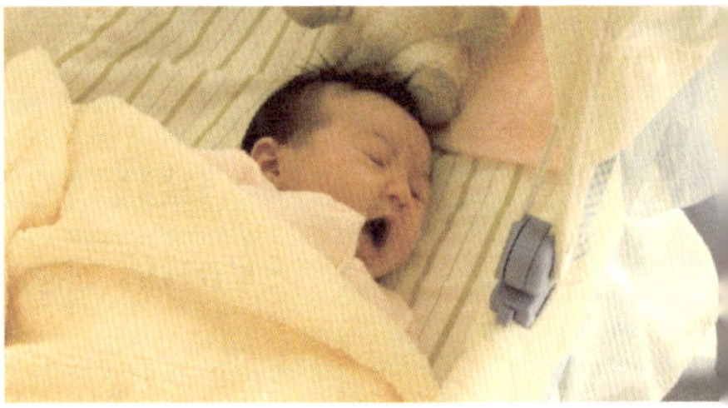

真正开始执行的时候，孩子难免会哭闹一番，大多数孩子不愿意和父母分床睡是因为害怕失去父母的爱。父母要表示理解并安慰孩子，但仍然要坚持让孩子在自己的房间睡觉。如果不让孩子学会独自睡觉，长期和父母睡在一起，孩子很容易产生恋父或者恋母情结。

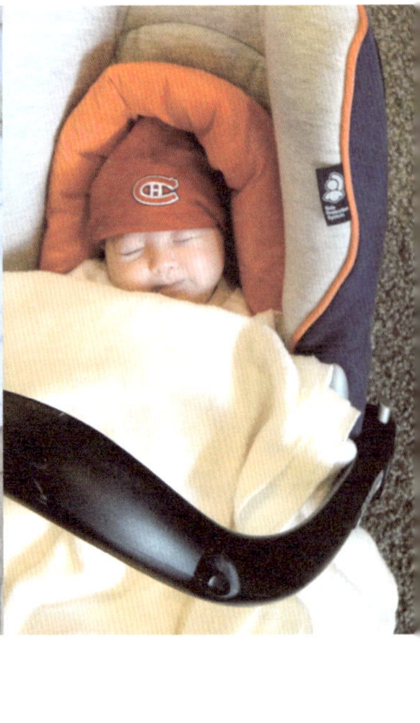

公主在忙

# 中西文化
# 第一次交锋

夏克立

为了让夏天与爷爷奶奶增进感情，我们每年都会带着夏天回我的故乡——加拿大，让她与爷爷奶奶待上一两个月。我也希望夏天知道，她的父亲是在怎样一种环境中长大的，西方文化与东方文化的差异在哪里，让她长大之后有更多的人生选择。

在加拿大的文化中，小孩子非常自由。比如说，我小时候喜欢跟父母一起睡，晚上常常跑到他们的房间，可他们觉得我应该睡在自己的房间，于是就把房门锁上。我进不去怎么办呢？只好睡在他们门外的地板上。我现在还有一张这样的照片，那是我父母夜里起床喝水时拍下来的，当时我抱着一个布娃娃在地板上睡得正酣呢。

但对夏天，他们可就完全狠不下心来了，简直要把她宠坏了。如果夏天做错了一件事情，我就会特意跟父母说，不可以这样宠溺她。比如说嘉千跟夏天做过规定，三岁之前不能吃糖果、不能吃冰激凌。不吃糖果完全 OK，吃多了牙齿会坏掉，可是炎炎夏日能吃上一个香甜的冰激凌是多美妙的事情啊，再加上加拿大的冰激凌是用新鲜牛奶做的，相对比较健康，说是世界上最好吃的冰激凌也不为过，嘉千也超爱。所以在吃冰激凌这件事情上，我心里就不怎么想要约束夏天了。

那是夏天两岁半的时候，我带她回加拿大，嘉千没有一起回去。我父亲把冰激凌一拿出来，所有的小朋友都欢呼雀跃。其他人立即开心地吃了起来，只有夏天没动，一直用渴望的眼神盯着我，希望得到我的首肯。

我爸看了就很奇怪，问夏天：“想不想要冰激凌？”夏天没有回答，还是眼巴巴地看着我。

我说：“爸爸，嘉千不允许她吃任何甜的东西，水果除外，三岁以后才可以吃。”

我爸就说：“怎么还有这样的规定啊，我就要给我的宝贝吃冰激凌！”

我一看父亲那么坚决，只有曲线救国，希望得到母亲的支持。

但我母亲也不能理解，说：“我们是爷爷奶奶，我们都老了，才不管你们那个规定，我们就是要让小孩子知道，如果不想遵守你们的规定可以来找我们。”

尽管我知道，如果我坚决不同意，他们肯定不会给她吃。但我自己也无法理解那个规定，夏天已经两岁半了，还没有吃过冰激凌，这多么不可思议啊。所以我就打电话给嘉千，说我要给夏天吃冰激凌。当时我没有说是我父母的主意，后来嘉千才知道真相。得到允许的那一刻，夏天开心得都要跳起来了。她突然发现，爷爷奶奶就是她的英雄。

至今我还记得，那天吃的冰激凌是樱桃味的。

也许，如果我们长期住在一起，我父母这样做，会让我和嘉千之前的努力前功尽弃，两代人教育理念上的差异，说不定还会演变成家庭矛盾。可是我父母非常明白事理，他们也知道小孩子不应该多吃冰激凌，不会给她吃很多，他们只是觉得，两岁半还没有吃过冰激凌的孩子太可怜了而已。而且让小孩子觉得与父母相处时，有别的申诉渠道，也是不错的。

另外，在中国，如果小孩子做错了一件事情，父母让他罚站，这个时候爷爷奶奶看了多数都会很心疼，可是我们家不会这样，两家人的父母都会觉得这是对的。我父母很好玩，我们小时候如果没有做到规定的事情一般不会被罚站，但是晚饭后的点心会不见。加拿大人吃完饭会吃点饼干或冰激凌，如果这天做了什么不乖的事，你的点心就没有了，这就是一种惩罚。如果继续不听话，明天的点心也没有了，所以我就不能跟父母吵架。如今，我也把父母这一套教育方法用在了夏天身上。

回加拿大陪家人

Granddaddy & Grandmama

# 外公外婆和我是统一战线的

黄嘉千

我跟夏克立都是不拘小节的人，我们俩都不会特意去记对方的生日、结婚纪念日什么的，可能有的夫妻、恋人会很在意这个，觉得连纪念日都记不住是不是不爱我，我跟夏克立就完全不会有这样的烦恼。

我觉得这样蛮好的，反正大家都记不住，你也不要因为我记不住就觉得我不爱你，我也不会因为你记不住而觉得你不爱我，这样大家就都不用计较了嘛。

夏克立是加拿大人，所以我们的婚礼办了两场。到底哪天算是我们的结婚纪念日呢？还真的想不起来。我们大概是在二〇〇七年认识的（我也不敢确定，哈哈），我只记得我们的结婚纪念日好像都是在从加拿大飞回家的航班上过的。我觉得我父母对我的教育很好，他们会告诉我什么是对的，什么是错的，让我在做决定的时候，脑子里有一根弦，知道应该在一定的范围内行事。他们给予了我很大自由，从不说学习成绩一定要怎么样，但也不是放任的那一种，不是说我想学跳舞就去学跳舞，过几天又想学钢琴了那就改学钢琴。

他们觉得，如果决定去学，就要坚持到底，就要学好。所以如果我跟他们表明态度，说想学什么，他们会反复跟我确认。比如说我跟他们说想学钢琴，他们就会不停地问我："你确定？"一旦我说"确定"，他们就会说："那就去学吧。"

他们对我的学习成绩没有提过太多要求，那时候，考试成绩是要拿回家给父母签字的，如果我考得很烂，我爸爸就会跟我面对面地坐着，看着我的眼睛问："你尽力了吗？"如果我说"尽力了"，他就会说："那很好啊。"可是我真的尽力了吗？扪心自问过后，我就会生出很多愧疚。我的父母就是这样让我自己来认识、判断事情，自己做决定。

钢琴就是我自己要学的，一直坚持学了很多年（具体是多少年，我记得不确切了，可能比八年长）。因为我妈妈会弹钢琴，所以在我很小的时候就开始教我，让我有一点这方面的基础。

进娱乐圈，也是我自己的决定。他们一开始是反对的，因为他们对娱乐圈不了解，觉得那里面乱七八糟的，尤其女孩子进去不好。

但是我决定了，他们也没有阻拦，而且我向他们证明了，自己会做得很好。我的父母不会对子女提要求，但是他们要你对自己的人生负责。

比起学习成绩，我父母更看重艺术方面的教育，这有助于一个人更好地感受世界的美好。而且学会钢琴、学会跳舞、画画……说不定可以在日后成为一个人谋生的手段。

虽然我会弹钢琴，但不会去教自己的小孩，不管让她去学什么，我都更愿意让专业人士来教。我最多只是在家的时候看看教学效果，她弹的时候，在旁边看看她弹的调对不对，仅此而已。

其实我教孩子还蛮严厉的，有时候我父母看不过去了，会说："哎，你刚刚会不会太严了？"但他们不会干涉我教小孩。这一点，我的父母做得很好，虽然会私下里说我，但从不当着孩子的面跟我唱反调。

这样，就能和我在教育夏天的意见、方向上保持一致。要不然，外公外婆一个意见，爷爷奶奶一个意见，小孩子就不知道要听谁的，谁的意见对自己最有利，就听谁的，而且身为父母的我们还不好阻止。

## 写给爷爷奶奶、外公外婆的

拜托，爷爷奶奶，外公外婆，这篇您一定要看，求您了。

这一篇，是这本书里教育理念是否能执行的关键了。

现在大部分爸爸妈妈都有工作，没有空来照顾宝宝，孩子一生下来就丢给爷爷奶奶或者外公外婆，而爷爷奶奶或者外公外婆对待孩子的方式，那就一个字——宠。这往往不是爱他，而是害他，可问题并不在祖辈身上，而在父母身上。

爷爷奶奶一定会宠小孩子的，他们已经管了儿女一辈子，为什么还要管儿女的孩子？为什么不能宠？他们就是要宠，管教的事交给做父母的。可是有时候爷爷奶奶也应该要放手一些，要尊重父母的教育，不能插手，夏天的爷爷奶奶就做得很好，奶奶很懂得放手。

如果跟父辈住在一起，就要先沟通好，可以跟他们说："我觉得我们爱孩子的方式不太一样，我知道你们爱孩子，我也爱我的孩子，可是我们要改变爱孩子的方式，平常我不在你可以宠，可是我在的时候请让我来教，因为只有这个时间我才能跟孩子有交集，在我教孩子管孩子的时候你们先不要干涉，因为我有我的方式。当我在处罚孩子的时候，你们千万不要出声，你们可以出去或是不看，一旦你们加以干涉，我的教育就失败了。"

一定要很清楚地与父辈达成共识，他们可能不理解：“我们是爱他，你觉得我们会害他吗？”我会说：“我知道你们宠他，我不在的时候可以宠他，那是你们的权利，孩子也可以享受。可是在我在的时候，我会用我的方式来教育他，也请你们尊重我，让这个孩子跟别的孩子不一样，让他更好地长大。”

沟通好之后，父母自己要狠下心来，我想请大家都做狠心的父母。狠心不是为了要害他，是为了要爱他。

夏克立　黄嘉千

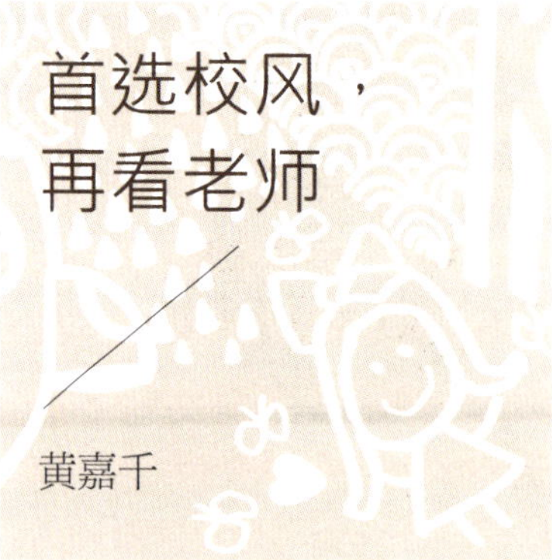

# 首选校风，再看老师

黄嘉千

夏天六岁了，将要上小学，同样面临着选择学校的问题。

我们很享受她去上学的时间，我们可以有好几个小时解放出来，做点自己喜欢做的事。她上学的时间是从上午九点开始到晚上五点结束。我们负责轮流接送她，有时候早上要送她的时候，我跟夏克立会躺在床上，用手肘互相捅对方说：“哎，今天轮到你了。”

如果轮到的那个人临时有事无法接夏天放学，我们会提前沟通，互相协调时间，确保有一个人能去接夏天。我们不会把夏天托给同一个小区的人，也不会去找外公外婆，尽可能是我们亲自来接送她。

二〇一六年，她就要面临上小学的问题了。我们一直觉得，学校的整体风气比较重要，校风正，教出来的孩子也差不到哪里去。如果学校整体素质相当，那就要进一步考察老师。选老师也尤其重要，所以在孩子上学前我们也准备花一些时间精力与老师沟通，大家彼此互相了解，这样更有利于夏天很快融入新的学习环境。孩子爸爸还会关注学校的课程安排，会选择有更多运动类课程的学校。我们不是很在意孩子的考试成绩，更多关注的是孩子学到了哪些知识，我们希望在学校学习能成为她生活中的一个乐趣。

所以，在小学阶段，我只会给夏天一个大的方向，只要她在大方向上不出错就行了。我会告诉她一个大的规则，在这个大的规则内，她可以随便乱玩。我还会告诉她，什么是对的，什么是错的，让她心中有一个判断，将来她遇到事情做决定的时候，头脑中就会有这个原生家庭留给她的概念，不会去做错的事情、对自己不好的事情。心里会有一把衡量的标尺，知道哪些底线不可以碰，什么事情不能做。在国内读完小学之后，再考虑把她送到加拿大念中学，体会不一样的教育环境。毕竟爸爸是加拿大人，回到爸爸的家乡求学，走爸爸曾经走过的路，也是另一种文化的传承。

NIQUE

GIRL

# 2

# 第二章

## 陪你成长为独一无二的夏天

*A Princess By My Side*

kiss poppy

KISS
KISS
poppy

# Poppy，请要遵守“公主守则”

黄嘉千

听着童话故事长大的女孩子，都有一个公主梦。但我不希望自己的女儿在人们心中是个骄傲的公主，只希望她在别人心中是个小孩，没有那么多的光环。当然，把女儿当成“公主”来培养，用“公主守则”来教育，是希望夏天能有优雅的举止、善良的内心、优良的品格，这样才是一位真正的“公主”。

但我不喜欢《冰雪奇缘》里面的爱莎公主，她是个不太好的公主，只因为长得比较漂亮，衣服非常华丽，所以大家才喜欢她。可是她的性情没有安娜那么好，安娜虽然衣着朴素，但是她非常乐观、非常善良，我觉得她才是最美丽的公主。我们一直这么教育夏天，让她不要过于注重外在的东西，要善于发现别人内在的闪光点，她自己也要做到这些。

夏天如果有好几个月都很乖，我们就会去买一条漂亮的公主裙送给她。在电视里，大家看到夏天有很多漂亮的公主裙，比如她一出场那件黄色的裙子。我们不说是自己买来送给她的，会说：“因为你最近很乖，所以贝儿公主（《美女与野兽》的主人公）送你一个礼物。”

也有朋友会担心，这样做的话夏天将来分不清现实和虚构怎么办呢？这个我从不担心，因为小孩子到了一定年纪自然就会明白一切，知道什么是真还是假。这样孩子就有一个美好的童年了，有故事，有期待。

我们告诉她，这世界上有真正的公主，比如英国、丹麦、希腊、挪威等国都有公主，她们每天都穿得美美的，她们的工作就是面带微笑，与国民拍照，让大家开心，她们也会去医院看望生病的小孩，会做一些公益、慈善活动帮穷苦的人们募捐，她们懂得分享。这些都不是假的，是真实的事情。

之前很多家庭都是独生子女，长辈比较宠溺，所以不太懂得分享。现在很多家庭开始有两个小孩了，这个问题依然存在。我们非常清楚独生子女容易有这个毛病，也很想避免，所以我们也坚定地认为，分享是最好的方式，总想让她学会。如果是别人的东西，那要看人家愿不愿意分享；如果是她的东西，我还是想叫她去分享。现在她拿到糖果，就会打开袋子分给所有的小孩。

夏克立总说不要逼她，我也明白不逼她是对的，但我每次还是忍不住要试试看，她愿不愿意分享，只是会把最后的决定权交给她。

# 如果别人这样说你，你难不难过

黄嘉千

《最美的礼物》是我最喜欢的一本儿童绘本，作者是台湾儿童文学作家郝广才，这本书是借奥黛丽·赫本之口，告诉孩子们“心灵美丽”的秘密不在于服饰、珠宝或是发型，而在于我们能否关怀别人，自信面对世界。唯有发自内心的纯真和善良才能不断使心灵受惠。

赫本应该说是最有资格来谈这个主题的女性，因为她不只是外表美丽，她的内心也极具魅力，所以当我看到这本书的时候，毫不犹豫就买了下来，这正是我要讲给我女儿听的故事，正是她最需要了解的东西。她一直想做个公主，但不是穿上公主裙就是公主，还要有一颗善良、温柔、美丽的心。

这本书里面的插图也很美。我选书通常会先看内容，我不会看这本书是谁写的，这不重要，重要的是写的内容是什么，我可不可以有所收获。我在选择的过程当中，在教她的时候，最重要的目的就是让她学会爱。她想要解决任何一件事情就只能用爱，懂得爱，学会爱，才有能力去原谅；因为爱，才不会去批评别人，才能看到自己的不足。在孩子的教育中，爱的教育应该是自始至终都要贯穿的。

我最在意的还是对她的价值观的培养，一件东西的好坏是由我们的观念决定的，不是说别人穿什么好看，我们也一定要有。我自己就不常买名牌，因为我觉得有很多不是名牌的东西也很棒。除此之外，我觉得一个女孩还要心地善良，要有同情心。

我们还希望她懂得尊重别人的审美，可能这样穿，你觉得丑，但穿的那个人认为是好看的。不要随便批评别人，这样说不定还可以发现另外一种美。也不要在背后议论别人，虽然八卦不可避免，但是不要说“谁谁谁好丑噢”，我会问她：“如果别人这样说你，你难不难过？肯定会难过的对不对？所以不要做这种背后批评别人的事。你可以给她建议，你那样穿会不会好一点？”

# 说“谢谢”与教养

黄嘉千

礼貌是德育的一部分，不管是日常生活中，还是在《爸爸去哪儿》第三季的录制现场，很多人都对我们说：“夏天这个小女孩怎么会这样有礼貌啊？”他们都说夏天一看就是非常有教养的家庭培养出来的孩子，从她身上一眼就能看到她的父母是什么样的，或者说她的原生家庭是什么样的。

其实教小孩子礼仪礼貌是一件非常不简单的事情，孩子出生以后就是一张白纸，很容易受到环境的影响，或变好或变坏。夏天也不是从小就做得这么好，有时候我们也气疯了，甚至会处罚她。我们为此尝试过很多种方法，在这方面花费了很长的时间。

有时候别人帮忙递给她一个东西，她接过来就走了，没有任何表示。这时候我就忍不住要生气："夏天，为什么不跟人家说谢谢？"她总是说："我忘记了。"

这个时候我就会跟她解释说："这是不能忘记的，别人拿东西给你不是理所应当的，为什么人家要帮你拿这个东西，你知道吗？第一，因为你是小朋友，可能拿不到。第二，因为人家喜欢你。你要是忘记了这两点，你就浪费了人家对你的好，以后人家就不愿意对你好了，所以你得知道表达感谢啊。"

别人为什么要帮你呢？他本来可以拿这个时间去做别的事情啊，别人没有要帮助你的义务和责任，所以对于别人的帮助，一定要说"谢谢"。

我们应该要常常心怀感恩，要把我们的感谢之意表达出来，我从不觉得这是矫情。有人会说："你谢那么多干吗？太客气了，没有必要。"而我觉得，夏天明明可以自己去拿，可是对方知道她在忙，或者知道她是小孩，她做不了，所以出于好意才会帮忙的，我们当然要表示感谢了，这是对人家好意的一种尊重。

不管哪个行业，不管对方帮你做什么事情，只要帮了我们，我们就应该表示感谢。就算我们去餐厅，服务员为我们服务，我们都要跟人家说谢谢，这是人与人之间最起码的尊重。当然，那是他的分内之事，可是我们的谢谢既表示尊重他的工作，也是对他的一种鼓励，人家得到我们的谢谢，也会干得更加起劲，然后会做得更好。

这不是很好吗？

我们要站在别人的角度去想问题，谢谢的意思有很多很多，我常常这样跟夏天讲。我知道她理解了，她也知道要怎么做，但她是小孩子，有的时候真的会忘。其他的家长可能会说，你下次记得说就好。可我不允许她这样，没有下次。

我会对她说：“夏天，你就是不能忘，它非常重要，你没有说谢谢非常没有礼貌，我没有见过哪个公主是这么没礼貌的。你不说也可以，但你不要当公主了，做公主太累了，要做这个，要做那个，什么都要做。你还要继续做公主吗？”

她会说：“我要做。”

我说：“Poppy，妈咪劝你不要做，做公主太累了。”

夏天一般依然会说：“我要做。”

这时我会说：“你既然选择要继续做公主，我就要告诉你，公主会跟所有帮助她的人说谢谢，一次也不会忘，所以你也要这样做呀。”

这招对夏天屡试不爽。这在心理学上也是有解释的，我那么说也是在培养她的同理心。简单地说，同理心就是从对方的角度设身处地思考问题的一种方式。她那么想做公主，我就从公主的角度，让她设身处地去想问题。所以，我是给了她一个她无法拒绝的选择。你的选择会决定你的结果，你的选择会决定你的未来，这是必然的结果，这也是我想告诉她的。

# 你是真的原谅她了吗

黄嘉千

像夏天这么小的孩子，懂得什么是原谅吗？

当然不懂，可是我发现她在很努力地学习怎么去懂。比如在学校里，有些同学会对夏天说，她不漂亮，或者她今天的衣服穿得不好看，就会让夏天很难过。她的同学偶尔也会跟老师打小报告说，某件不好的事情是夏天做的，可是实际上夏天并没有做。老师了解到真实情况后，就会跟那个小朋友说不可以这样子。

类似这样的事情发生后，我都会问夏天："后来你有原谅她吗？"她说："有。"我说："你为什么会原谅她？"她说："因为我觉得我没有事了。"就是说，在她心里面，这件事已经翻篇了，对方也跟她道过歉了。

可是，我往往会继续追问：“你是真的原谅了她，还是因为她跟你道了歉，你不得不原谅她？”我们大人就经常这样，明明还在生气，可是只要对方跟自己说了对不起，我们就忍不住心软；或者因为对方跟我们道了歉，出于礼貌，我们不得不原谅他。

这与真正的原谅是很不一样的。在这两种情况下，我们的感受不同，对方接收到的信息也是不同的。所以我就问她：“对方道歉之后，你还会一直把这件事放在心里吗？这件事情有影响到你什么吗？”我会跟她认真讨论这件事。

我的朋友们都说：“你是疯了吗？干吗跟孩子说这些？”我说，只有这样她才会真正了解什么是原谅。如果原谅你时我没事了，可是当你转身走后，我还是很难过，这就不是真的原谅，因为我受伤了，你的对不起对我来讲只是 OK 而已，并未治愈我的伤痛。真正的原谅是这件事情不见了，永远过去了，我再次看到你还和原来一样。其实这是很难很难做到的，唯有拥有很多很多的爱的人才能做到，所以我要给她满满的爱。

这是人的软肋，这会儿看似过去了，但在某个机缘巧合之下，碰触到这个点又会想起来，就仿佛埋在心底深处的一个创伤。

怎么去疗这个伤呢？很多人都说，时间可以治愈一切伤痛，可是我能跟我的孩子讲这么深吗？这么讲的话，她根本就理解不了。但我现在必须通过这些小事情，教会她原谅。因为我觉得这对她来讲很重要，这是她人生的必经过程。

很多父母都会担心：自己的孩子心地太善良了，长大后会吃亏的。我就不这么看，家长完全没必要去担心孩子长大后吃不吃亏这件事，我们要担心的是，他们能否勇敢地去面对伤害。

因为他们在人生中一定会受几次伤，比如爱情的伤，比如友情的伤，我们无法保证他们永远不受伤，所以教会他们受伤之后怎么愈合才是最最重要的事。现在，我就是要她受伤，这样她长大后才懂得怎么去面对她的伤。终有一天她会有自己的生活，受到别人的伤，受到感情的伤，我也能够放心了，我知道她会勇敢去面对。

而吃不吃亏并不重要，我唯一担心的就是将来她怎么去面对那些欺负她的人。我希望她能够很乐观、很健康地去面对那些人。虽然她现在还没遇到这种事，可是我必须未雨绸缪，得先教会她原谅。

我之所以要教她这些事情，就是因为我要让她明白，她长大以后，受伤的时候，知道怎么去原谅人家。她当时一定会难过，可是每个人自愈的时间长短不同，别人可能需要花一年时间来疗伤，而我女儿大概一个月或者一个星期就好了。不是因为她不在意，而是因为她懂得原谅，她可以疗愈她自己。

我要让夏天在身心都健康、丰富的状况下去面对她的未来，而不是把她保护起来，不让她接触到任何伤害。我觉得，唯有教会孩子懂得原谅、敢于面对伤害，才是真正的保护。

# 换位思考是训练出来的

夏克立

有一种流行的说法，叫“别人家的孩子”，父母总觉得别人家的孩子总是那么优秀，比较中觉得自己的孩子有很多缺点，于是就有各种不满。我们没有这种观念，因为别人家的孩子有好的，也有不好的，如果人家真的很好，我们夸赞的时候会具体到某一个行为，而不是整体上否定自己的孩子。

我们不会说：“你看，那个人的小孩子比你好。”而是说：“你有没有看到谁谁的小孩子，他好棒啊，他跟每个人说谢谢。”如果哪一天我看到夏天没有说谢谢，我就会这么跟她说，我只是肯定对方的某一个行为让她受到触动做出改变。

虽然夏天被大家称为“没有公主病的公主”，其实她也有问题，她也会做错事。比如，在一个班级里面，她只很喜欢小朋友 A，却不愿意跟小朋友 B 玩，这不太好，需要父母慢慢教。

我也不是说孩子不可以有自己的喜好与选择，她喜欢和谁在一起也勉强不来，但是她的表达方式需要委婉一些，人家兴冲冲地跑过来跟她玩，她却直接拒绝人家说：“我不要跟你玩，我要跟他玩。”人家当然会很不开心。我要教她学会换位思考。所以，事后我对她说：“如果换作是你，你有什么感受？你也会很难过对不对？所以 B 是不是会很难过？”教会她换位思考，比教她如何与具体的某一个人相处更重要。

但是，只教一次没有用，第一次跟她讲的时候她听得懂，可是事到临头她往往会忘记这些，需要一直训练她，直到她真的做到了才行。

夏天现在还没有完全做到，嘉千为了让她做到，有一次打电话给夏天说：“最近贝儿公主和 Elsa 公主在商量，想看看你最近乖不乖，再来决定要不要送你礼物，要不要你继续做公主。她们听说你只跟小朋友 A 玩，不跟其他的小朋友玩，如果你再这样下去的话，你的公主裙就会全部不见。”

夏天觉得这件事情非常严重，她快吓死了。其实她以前没有不跟别的小孩子玩，这是第一次。夏天回到家以后，知道自己不能当公主了，伤心得大哭起来，承认自己做错了，要改掉这个毛病。

我觉得，孩子的很多美德都需要父母用心去训练，否则，孩子就没有意识。他愿意和谁玩就玩，家长如果不管，并且鼓励他这么做，孩子就不会了解他人的感受。很多人说夏天是一个天使，其实她不是天使，她就是被教育出来的。

*Chapter 2*

—

111

# 性别教育：尴尬比不知道好

夏克立

现在整个社会都在讲，对待女孩，父母要付出更多的心血，因为要时刻保护她不受到侵害。虽然夏天现在还是小孩子，但是从她很小的时候我们就开始给她灌输性别的观念，就是要让她懂得自己是女生，不能在男生面前换衣服，换衣服的时候，一定要有独立的空间，不能让人家看到。这方面她一直做得很好，她会害羞。有一期节目里，我在给夏天换衣服的时候，虽然诺一闭上眼睛表示不看，但是我还是请他出去了，因为我要为女儿坚守原则。

我们还告诉夏天，什么是隐私部位，女孩子哪些部位不可以给别人碰。如果人家碰你什么地方你觉得不舒服，一定要跟父母讲或是跟老师讲。

可能很多家长认为这些东西不要太早讲，但我们觉得这个一定要讲，因为这是很重要的。小孩子从小就知道这些会更安全，不能让别人碰，也不要碰别人的，这些夏天都非常清楚。所以，在《爸爸去哪儿》第八期中，夏天和诺一把门锁上待在房间里的时候，我就很生气，对他们说："男孩和女孩不能关了门一起在一个房间里，结了婚才可以。"很多人会说，他们还那么小，不用担心太多，我也觉得这么小不可能发生什么事，但是得让孩子从小就开始知道什么是我们的规定。

在中国，儿童性教育缺失是非常普遍的现象，很多家长当被问到"我是从哪里来的"这个问题时，他们都不知道该如何回答，一般都会说孩子是从垃圾堆里捡来的，让孩子很纳闷。很多人到了十几岁、二十岁才开始接受性教育，其实都太晚了。我希望夏天不要从网络上学，从朋友处听说，或是到高中的时候才接触到，因此我会教她，毕竟尴尬总比不知道好。

和中国相比，西方非常重视孩子的性教育，在小学二三年级时，我的父母就开始对我进行性教育了。他们用一本小孩子也能看懂的书，教给我性方面的知识。当时我很尴尬，可是那个做法是对的，小孩子应该早些知道这些东西。我听嘉千说，她在念书时，学校有性别教育的课程，但是每个班级的教育方式都不一样，有的班级直接跳过，有的让学生自己看，有的老师会把文字念完。如果在学校没有学到，父母尴尬不教，小孩子只能自己去寻求答案了。不应该让这种事情发生，性别教育也是我们的责任。

所以，嘉千在帮夏天洗澡的时候，会告诉她："这个地方是我们女生最私密的地方，这个地方除了妈咪、爸爸、奶奶，其他人都不许碰。因为你现在这个年纪，我们还得帮你洗澡，只有这些人是安全的。"

她小时候会觉得很奇怪，说："为什么？"

嘉千就说："你看它长的样子，它是包在里面的，所以它很私密，就是不能给人家看，要不然你不要穿裤子好了。妈咪有时候帮你洗澡，也是轻轻的、很小心，对不对？它也很脆弱，它希望我们可以保护它，所以你要保护自己。"

她真的会懂，跟其他小朋友相处的时候，她会明白她是女生，有的人是男生。但她现在还处在模糊的阶段，讲再多只会让她更迷惑。她现在只要懂得保护自己就好，主要是提防不怀好意的大人，不是防小孩，小孩这个年纪哪懂这些？

没有性教育真的很危险，而且越早教育越好。我有个朋友是小学老师，他说，有个二年级的小孩子受到性骚扰，有个五年级的小孩子怀孕了，而且每年都有一个五年级或是六年级的孩子怀孕。我真的是被吓到了，所以不对孩子进行性教育后果会很严重，即使说的时候会有一些尴尬。

# 我们来核对一下安全密码吧

夏克立 & 黄嘉千

孩子的好奇心很重，很多时候不知道危险，父母一不注意就会发生很危险的事情。

可能很多父母都看过一些新闻，比如哪个小朋友在街上走失了，不小心掉进下水道了，爬树摔断了胳膊，玩火把屋子烧了，或者不小心用利器戳瞎了自己的眼睛……悲惨的事情时有发生，所以我们从小就要教孩子一些安全知识，让他们平安健康地长大。

外出的时候，潜在的危险更多。从夏天两三岁的时候，我们就教她学习遵守交通规则，不要在马路上停留和玩耍，过马路一定要走人行横道，还告诉她怎么看红绿灯。在人多的地方，万一与我们走散了，她应该向谁求助。

其实她上的幼儿园里，老师也会教这些。有一天她兴冲冲地回来告诉我："妈咪，我们今天在学校老师教了地震，老师说，地震的时候我们要躲在一个硬的东西旁边。"我说："老师教得真厉害，下次如果发生地震的时候你要救我。"她说："会的，我会。"

学校也会教他们火灾的时候应该怎么办，她说："老师叫我去拿水，然后蘸湿毛巾捂住自己的鼻子……"当她讲对的时候，我会跟她说："太厉害了，那你要救我，妈咪都不知道这些呢。"

有时候父母就要故意当一个笨蛋，当她讲得对的时候，我们要故作很笨地说："你怎么都知道？"

孩子如果说："你是大人啊，你怎么不知道？"

"我真的都不知道，你怎么那么厉害？"

听到父母这么说，孩子就会很骄傲，觉得自己比爸爸妈妈还厉害，他们以后就会更有求知欲。

每天放学的时候，我们基本上都会亲自去接她，偶尔是她的干爹、干妈去接。为了防止夏天被陌生人接走或者被骗，我们家有一个安全密码，而且隔一段时间就会更换。

如果不是我们去接，夏天就会跟对方说："那我们来核对一下安全密码吧！"来接她的人如果不知道我们的安全密码（例如：《爸爸去哪儿》中的安全密码，现在公开了，我们就会再改），顿时就傻眼了，夏天也绝对不会跟他走。

学校的管理也很严格，一开学的时候，我们就得在学校的表格上写好，除了我们还有谁会来接孩子，除了这个人，其他人一律不会放进来。

这个人来接的时候，老师还会跟父母确认一下。就算我们提前交代说，今天放学谁谁谁会来接夏天，学校还是会打电话给我们，让我们跟这个人通个电话，再让他把夏天带走，所以安全上非常有保障。

# 我就爱她本来的样子

黄嘉千

因为我是大剌剌的个性，不会在意细节。就像现在我就不知道夏天身高体重是多少。虽然家里的墙壁上有记录，但我不会去记这个。也不会每天让她上体重计去称她的体重，好知道她的体重变化。因为小孩变化太快了。我跟夏克立现在都头疼的一件事是给夏天买鞋，因为小孩子不像我们大人，一切都已经成形，他们每天都在成长。我们不知道买几码的鞋合适，就买好几双不同码的鞋放在家里，等她能穿。

我当然也会对夏天有期待，我希望她将来能当一名医生。医生能够救死扶伤，对我来说是一份很神圣的职业，但也要看她自己想做什么。我不会因为想要她当医生，就有意识地去培养她往医生这个职业走。因为那是她自己的人生。每个人的人生都只能自己过，父母不能代替你过，老师、朋友、同学，都不可以替你过你的人生。所以要看夏天自己的选择。

我对夏天最大的希望是心中有爱、勇敢、身心健康。

人为什么要吃早餐、午餐、晚餐？因为人身体本身有个生物钟，要遵守这个生物钟，按时吃饭，才能保证我们的身体健康。所以一定要按时吃饭，按时上床睡觉。如果到了午饭时间，她不好好吃饭，就只能饿肚子，一直饿到晚饭的时候才能吃东西。因为她现在还小，不懂得健康的重要，也不懂得对自己进行管理，但是大人知道啊，要保证她食有时，寝有时，这样她才能身体健康。

至于长大以后怎么样，就是她自己的选择，有什么后果，她可以自己负责了。但是在她小的时候，我们大人有责任照顾好她。

她会在晚上八点钟准时上床，九点钟准时睡觉，我们会给她讲睡前故事。现在带在身边给她讲的是《爱你本来的样子》。我们每个人都应该爱自己本来的样子。因为我们每个人来到这个世界的时候都是一无所有的，这样赤条条地来，什么也没有，但是父母还是会爱我们。他们不需要你多么功成名就，多么富有，他们就是希望你爱你自己，因为我们从出生就什么都没有，所以人应该爱自己本来的样子，不要去改变你的本来面貌。

导演组
易碎请

LOVE

# 3
# 第三章

## 夏天会听我们这样说

*A Princess By My Side*

# Poppy，我们一起来玩游戏

夏克立

为了夏天的教育，我和嘉千两个人阅读了许多家庭教育以及儿童心理学方面的书。我上大学时，专业是电视电影，辅修的是多媒体教育，因此后来我在教育部门工作过一段时间。再加上我本身就很喜欢心理学，尤其喜欢教育心理学，所以我一直对教育孩子颇有几分自信。

再后来，我到了台湾发展，主持的第一档节目就是儿童综艺节目《奥林P客》。每次在节目开始录制之前，小朋友们都会非常兴奋，不停地追逐打闹，很多工作人员就会像对待成年人一样命令他们安静下来不要吵，可这样哪里行得通？他们原本是高高兴兴来参加节目的，被吓到之后，心情就会很不好，就无法开心做节目了。

那时候为了工作，我想方设法让他们乖乖听我的话，而从不用凶的方式命令他们，最后我发现，最好的方式就是做游戏。我跟他们说："咱们一起来玩个游戏好不好？每个人都有10分，如果你做得好，你是最厉害的，就赢了；如果最后你分数不高，那就是输了。不乖的话就会被扣分哟！"小孩子都很喜欢赢的感觉，以显示自己比别人厉害，所以立刻就安静下来了。巧妙的引导绝对比威胁更有效，改变一下沟通方式，事情就变得容易多了。

夏天也超喜欢玩这种游戏，所以我常常用游戏的方式教她做一些事情。比如吃晚餐，我会跟她说，我们现在有100秒的时间，我们在这段时间里比赛谁吃得比较多；再比如穿衣服，小朋友穿衣服都很慢，而且穿得乱七八糟，为了准时到达幼儿园，我每天早上都要对夏天说好几遍"快点穿衣服"，可是一点用也没有。于是我就开始跟她做这个游戏，我会问她："你能不能做到在100秒内穿好衣服？"有了目标，她很快就能穿好衣服，完全不需要催促与训斥。因为她以为自己是在玩游戏，而不是在被逼迫，所以很开心也很放松，完成得又快又好。包括整理房间，大部分需要小孩子学习做的事情，我都用游戏的方式让她做。

在《爸爸去哪儿》节目组里，为了让孩子们集中到一起，我也常常跟他们玩这个游戏。如果直接对他们说："宝贝们，都到我这里来，快点过来！”孩子们都很磨蹭，会很浪费时间，而我就会说：“比比看，谁能最快跑到我这里来！”他们一听要争第一名，就会马上跑过来，这就是游戏的力量。

囚

# 惩罚不只是说说而已

夏克立

我们这一代父母的教育观念发生了改变，不再像父辈那样常常打骂孩子了，可是不打不骂又会宠坏孩子，尤其是女孩，会有所谓的“公主病”，我不希望我的女儿有公主病。

微博上很多人都对我说，你不要对夏天那么凶，她已经很乖了。我的确对她很严格，在《爸爸去哪儿》里面，大家可能看到过我让她罚站的片段，其实我罚过她很多次，不过最后播出的时候被剪掉了很多。编导总是不解：“每次夏天并没有做很糟糕的事情，你干吗要不开心，让她罚站呢？”我让她罚站是因为我讲了三次她都没有照做，虽然是很小的事情，我也并不是真的生气，但我想让她知道她做错了。

有一次，她前面都很乖，做得很好，只是后面做了不该做的事情，我才要让她罚站的。我跟她讲：“别人做坏事的时候，你不要跟着做，不能说别人做了你就可以做，所以我要让你罚站。”她也明白，我让她罚站并不是简单身体上的惩罚，而是想要让她懂得反思，让她知道自己错在哪里。

而且父母只在嘴上说要罚站没有用，要让孩子知道做错了事一定会罚站，或者一定会有所惩罚，他们才会听话。

我有一个朋友，他有一个四岁半的孩子。他开车时，这个孩子经常在后座上吵闹，他总是说：“你再闹，我就停车把你丢在路边！”有一次，他实在无法忍受了，真的在半途停车，把孩子从安全座椅里抱出来，放在了路边，然后自己驾车走了。过了一会儿，他觉得孩子受到教训了才回去接。虽然当时那条路临着河堤，没有那么多车，但我还是不建议家长这么做，因为小孩子情急之下有可能会乱跑，跑到马路中间被车撞到怎么办呢？不过，说到做到这一点我很赞成，否则孩子不会把你的话当真，也不会怕你，但最好不要有像这种危险性的惩罚。

当父母第一次大声责骂或者威胁孩子时，他可能会被吓哭，但是次数多了以后，他就慢慢习惯了，不会再感到害怕。因此管教孩子要言出必行，说到做到，威胁的次数多了，也就没有效了。

我在餐厅里也见过一些父母，看到孩子吵闹就大声威胁他：“你再这样子，我就不带你去动物园或者游乐园了，你再叫，我就带你回家！”可是最后并不会真的这么做，所以孩子也当这威胁是耳旁风，继续吵闹。这是最常见的中国式管教法，但是很遗憾，这种方法完全无效，而且越大声效果越差。父母说到就要做到，做不到就别说。

大家可以看到，节目中我常常会对夏天说123，3就是罚站的意思，小孩子认为罚站很丢脸，所以就会乖乖的。我喊了1，她就会知道下一个是2，等我喊出3，她就要被罚站了。所以我说：“夏天，快过来。”如果她不过来，我一喊1，她就过来了。其实我也不想让她罚站，但我需要通过一个最简单的方式让她知道她快要被惩罚了，123就是最好的方式。

# 公共场合她不懂礼貌，那就是我们的错

夏克立

我有一个朋友，人非常好，我很喜欢跟他聊天。但是大家出去聚餐的时候都不喜欢叫他，因为他对他的小孩完全束手无策，每次带去餐厅都让我们感觉很尴尬。

嘉千有一架从小使用至今的钢琴，在我们家谁都不可以碰。可是有一次，这个小孩子到我家来做客，把他的玩具放到了钢琴上。夏天看到他的玩具在上面，赶紧告诉我，我吓坏了，悄悄跟朋友说："这架钢琴我们都不能碰的，可不可以把那个玩具拿下来？"

朋友就对他的孩子说："快把玩具拿下来。"可是那孩子理都不理。朋友生气了，就说：“好，9、8……如果数到1的话，你就完蛋了！”结果他从9开始数到1，那个孩子不仅不为所动，又放了很多玩具在钢琴上面。

我也很生气，虽然我很喜欢这个人，但因为这个孩子，我就不会再请他到我家来了。

当然，也有些孩子平时在家表现很好，到了公共场所就变成“人来疯”，乱跑乱跳像个没有教养的野孩子一样，或者无理取闹，大声哭喊，让父母很难堪。通常，人们会觉得这孩子太不懂礼貌了。但是，真的是孩子没有教养吗？我觉得是家庭教育模式出了问题，是家长没有建立好规则。

比如，带孩子出门前，可以先提前跟孩子讲好要去哪儿，去做什么，到了那儿不要乱跑乱叫，也不能乱发脾气，如果做不到我们就不去了。孩子的自控力比较差，要是在公共场所吵闹，可以对孩子说：“你在这里影响到别人了，妈妈觉得不好意思，所以要带你离开。”如此一来，孩子就知道不能再吵闹，吵闹了就要离开，不能影响到别人。

夏天如果在公共场合哭闹，我们就会马上抱她出去，在外面哄她，不会让这件事在公共场合内发生。如果孩子在餐厅哭闹，有的大人会直接在餐厅里呵斥小孩来制止他们，我们会跟同桌的人说“不好意思”，然后马上抱着她到餐厅外面去哄她，再不行，就带她回家。

夏天小时候，我们真的把她从餐厅里面带出来过，那次她不想坐下吃饭，大喊大叫。我第一次跟她说：“你再叫，我把你抓到外面去。”她还是继续吵闹，我在餐厅里面跟她讲123，她还是不听，我就把她带了出去。有人还特地跑过来跟我讲：“你不要对小孩子这么凶。”我说：“谢谢你跟我这样讲，没关系的，我在里面已经好好地跟她讲了，她不能影响其他用餐的人。”我不会打她，只是让她知道怕，让她罚站而已，她还不听的话，就带她回家。

孩子做错事的时候，有些家长虽然会制止，但是说的话不痛不痒：“哎呀，不许再乱跑了，再这么吵我就揍你！”“再这样，我们就找警察了噢！”（警察根本就不可能来嘛。）既不告诉孩子这么做错在哪里，也没有具体的惩罚措施，小孩就不把父母的话放在心上。

有一次夏天在餐厅里面出于大意把杯子打碎了，我就很生气，跟她讲：“你知道妈咪为什么那么在意这件事吗？不是因为你不注意，不是因为你粗心大意，而是如果这杯水很烫怎么办？烫到自己没有关系，你如果伤了别人怎么办？你知不知道那有多危险，我是怕烫到你，怕你受伤。”后来她就很注意了，再没发生过同样的事情。所以只跟孩子讲不能怎么做是不行的，要跟他讲为什么不能做，用“为什么”来代替“不行”。

孩子到了公共场所很兴奋，所以才会大声尖叫奔跑嬉闹，一次OK，可是两次三次还是如此，就是父母的问题了。而很多时候，孩子的父母竟然可以淡定地继续吃饭，也不管一下。这样一来会影响到其他就餐的客人，二来服务员上菜时万一撞上这些跑来跑去的孩子，把孩子烫到了，怎么办呢？

父母不管孩子可能有两方面的原因：第一，他知道自己控制不了他的孩子；第二，他觉得当着这么多人的面说孩子，孩子一哭，自己的面子下不来。这是一个很普遍的现象。我常常听到有些父母说：“回家再说，我回家再收拾你！”可是回到家，这种情绪过去了，也不会再说什么。

应该在当下就解决问题，如果怕把孩子骂哭了你会丢脸，可以把小孩子带到外面去，而不是让所有人看到你和孩子在对峙，这样既不能解决问题，又会让孩子更加任性。离开之后，父母再进行管教就好。

# 公主跟每个人都是好朋友呢

夏克立

我和嘉千参与了很多公益活动，只要是跟小孩子有关的公益活动，我们都会带夏天去参加。如果是嘉千单独参加的公益活动，我和夏天会在旁边看；如果是我的公益活动，嘉千和夏天也一样会在旁边看。

有一个公益活动，是和一群在台湾生活的单身外国人一起吃饭，他们都是丧偶或者离婚的外国人，没有什么钱，还要养育孩子，活动的目的是为他们募捐。主办方知道夏天会来，所以进门的时候给了她好多贴纸。

活动还没有开始的时候，夏天看到很多小孩子，就问我：“为什么有这么多小孩子在这里？”我告诉她：“他们都是没有爸爸或者妈妈的孩子。”夏天就追问为什么，我就解释给她听，还告诉她，他们不是爸爸跟妈妈一起赚钱，所以他们没有钱买贴纸。夏天那个时候还很小，她跑到那些小孩子面前，把所有的贴纸都拿出来一个一个贴在他们身上。我与大家拍完照回去，问她：“你的贴纸呢？”她说没有了，全部贴在他们身上了，她知道这些小孩子没有贴纸，所以就主动去跟他们分享。

其中有一个小女孩，她失去了双手，但可以用肩膀拿筷子，夏天见到她很喜欢，她认为这个女孩很厉害，是她的英雄。我们每次跟她沟通什么事情，都会说公主会做什么，公主懂得分享，公主会跟每个人微笑，那些公主不是只穿着漂亮的衣服而已，她们都会做好事，她们会帮助别人，爱护动物，跟每一个人都是好朋友。

孩子都是很讲道理的，我们跟她解释清楚一些道理之后，夏天对待其他小朋友的态度就不一样了，很愿意照顾别人。

# 尊重她分享的意愿

黄嘉千

三岁前的孩子，独占欲很强是非常普遍的。夏天在很小的时候，也不懂得分享，别的小朋友想分享她的玩具的时候，她也会不爽。

那时候我总会对她说："你玩完之后要跟人家分享。"

"我不要。"

"你确定吗？"

"我不要，因为我要玩。"

"OK，好，把它给我。这是我买的，我拿我的东西跟你分享，你却不跟别人分享，那我就有权拿回来，你什么都没了。"

之前我都是这么做的，可能有些激烈吧。后来她学聪明了，她会勉为其难地递给别人，因为她知道如果不给，就会被我收回了，她也玩不成。然后过一会儿，她会跟我说：“妈咪，我想回家。”我完全知道她为了什么，我说：“你是不是以为回到家这个东西就是你一个人的了？”她不讲话了，我知道我猜中了。我说：“回到家它也不是你的，你想什么难道我不知道？不要试探你的妈妈。”

那时候她还不懂事，所以要逼她去分享，不分享就拿走，如果她肯分享，我就给她一些奖励。慢慢地，她就会知道，原来给予后会得到更多，很自然地就会跟别人分享了。

而现在，我不再逼她去分享，我会尊重她的选择。比如说，一个小朋友很喜欢她这个东西，可是它是夏天最爱的，夏天就可以跟我说：“妈咪，我不想给他。”

“可以呀，可以不给他，你是主人。那你告诉我，你可以分享哪一个东西？”

“那个铃铛可以送给他。”

这也很好。我们不要把她最想要的东西给别人，因为事情如果发生在我们身上，我们自己也不会愿意，何苦难为孩子呢？父母如果强制孩子这样做，会让孩子觉得自己的东西被剥夺了，即使最后给了别人，也不是心甘情愿的，那也不算是真的分享。

特别是有一些东西对孩子来说有特别的意义，为什么一定要给出去呢？这样一来，做出让步的孩子不会高兴，来家里做客的小朋友也玩得不尽兴，这样的“分享”对孩子来说又有什么益处呢？

# 不打不骂
# 也不宠坏

夏克立

我跟嘉千约定，对待夏天要说到做到，尤其是要惩罚她的时候。其实要做到这一点真的很不容易，也有骑虎难下的时候。有的时候，一着急，会脱口而出："你再这样做，我就打你屁股！"可我实在不喜欢用打的方法，到现在我们都没有打过她。

有的父母会说，小孩不打就管不了，我不同意很多父母没有耐心就动手打。我知道现在的教育部门都有规定，老师不能打小孩，不能罚站。所以学校很多小孩对老师连起码的尊重都失去了，我觉得美国和加拿大还好，我们这里的做法有点过了，对小孩太好了。

问题是我们让孩子太独立、太自由散漫了，还怎么教育他们呢？所以，我觉得还是严格一些比较好。

很多人都说，夏克立太凶了，其实我老婆更凶。但我们有约定，最好不要在小孩子面前吵架。如果小孩子发现父母有冲突，会给他造成一定的心理伤害。我们都是人，没有人是完美无瑕的，都有脾气，但我对小孩子会尽可能地耐心对待。

我年少时第一份工作就是在公园带小孩子玩，加拿大的孩子每年的六月一日到九月七日是放假的，不用上学。父母会把孩子送到附近的公园去，那里有很多东西可以玩。我们三个十六岁的少男少女要照顾五十个孩子，我们将孩子们分为三队，红队、绿队和蓝队。我是蓝队的老师，每天的工作就是下午五点带孩子们进行球赛。十七八岁的时候，我又到游泳池去教小孩子游泳，一直教到二十一岁。大学毕业之后又去做儿童节目，所以我的耐心是被培养出来的，很自然地就有了。

在夏天一天一天长大的过程中，我们也是在跟她一起成长。现在很多妈妈都有工作要做，比如嘉千就经常要去拍戏。她去拍戏的时候，我就来看孩子；我去工作的时候，她就在家里带孩子。所以，我跟夏天在一起的时间比跟嘉千在一起的时间还要多，我也很喜欢跟夏天一起玩。

我爸爸当年没有给我喂奶、换尿布和洗澡，因为他在外工作很忙，可是他也会花很多时间跟我待在一起，花很多精力来培养我。所以我这么做，还跟我的家庭有很大的关系。

# 妈咪只想告诉你对和错

黄嘉千

前几天，我给夏天读了一本书，讲的是两个小朋友和一群小朋友的事情。有两个小朋友感情很好，常常在一起玩，其中一个刚好也叫夏天，她很想加入那群小孩子的组织里面，跟他们一起玩。那群小孩就说：“好，你要进来我们这个团体，可以呀，但你要经历一些考验。”夏天就同意了。另外一个小朋友就变得孤单了，他就一个人默默跟在后面想看看到底是做什么。

我也是第一次念这本书，因为这本书是别人买给她的，我也不知道结果是什么，所以我边讲边想。考验很简单，可是在这个过程当中，他们把一根树枝弄断了，一个物体被弹飞到一所玻璃屋里面，玻璃被砸破了。小朋友们都吓坏了，谁也不敢承认是自己干的。后来一个人就指着最后那个落单的小朋友说：“都是你做的，是你的错。”那个小朋友莫名其妙，就说“怎么会是我”。此时，他最好的朋友夏天也不帮他讲话，因为她也害怕，如果她讲了，这群人就不跟她玩了。

其实我们在人生中都会遇到这种两难的状况，你必须做出一个艰难的选择，到底是跟这个人继续当朋友，还是选择团体生活呢？选择了团体生活，势必就会失去这个朋友。而且这个朋友本身没有做错任何事情，当所有人都在怪他的时候，夏天也没有为他讲话。讲到这里，我觉得这个故事太有趣了。

故事的结果很好，当时夏天选择了团体，但几天之后，她觉得她不应该这样做，跟那个朋友道了歉。我看过这个故事，就开始想要怎么跟我女儿讲，怎么通过这个故事来教育她。

我跟她说：“这个故事很简单，你跟诺一是很好的朋友对不对？”她说对。

我说：“那如果有一天来了一群朋友，你很想跟他们玩，可是他们不要你跟诺一继续做朋友，这时你会怎么做？”

夏天回答说：“我要跟诺一做朋友，可是我也想跟他们玩。”小孩子的世界就是这样的，她谁都想要。

然后我就跟她说：“如果你选择跟诺一玩的话，这些朋友就不理你了。”

她问我为什么，我告诉她：“因为他们就是这样规定的，他们就是不允许你跟诺一玩，你跟他玩了，他们就不会跟你玩，你会怎么办？”

“可是我就是想跟他们玩啊，我也要跟诺一玩。那我要怎么办？”

我说：“其实大家可以一起玩是最好的，可是那一群小朋友不这样想。”

她说：“那怎么办？我不知道怎么选，妈咪你告诉我怎么办？”

我就趁机跟她说：“那今天妈咪就要告诉你对跟错，这件事情没有怎么办，这件事情只有对跟错，你觉得那群小朋友这样做对不对？”她说不对。

“诺一有没有错？”

“没有错。”

“你可以选择的一个做法是，告诉这群小朋友，你永远是他们的朋友，他们有权利选择要不要跟你玩，可是你永远会跟他们玩，这是对的事，而不是你要选择谁。这已经不是选择，你也没办法选择，你只可以做对的事情。”

我的很多朋友都说我疯了，我说不是我疯了，书上就是这样写的。我们跟小孩子解释一个故事的时候，我们先要找出真正的意义所在，不然这个故事讲完也就到此结束了，孩子不会有任何思考。

我想要告诉她，我们总会不可避免地要面临选择，我们的人生不会这么圆满，但她可以选择她人生的活法。你要跟你的这个朋友玩，还是跟这一群人玩？如果选择了弱势，是不是就没有办法进入这个团体？人们通常都会选择那个团体，而离弃了弱势的一方。可是我要告诉她，你要选择对的事情，而不能只看眼前的利弊，这是非常重要的事情。

对一个这么小的孩子来说，很多事情她可能还无法理解，她什么都想要。我会对她说，你很棒，你这样想就对了。在她这个年纪，这个答案就是最好的，这个选择就是最正确的选择。她应该跟谁都好好的，她如果有所选择，我反倒会紧张。

等她再大一点，我就会告诉她，要选择对的事情，而不是盲目地选择团体，选择团体当然比较安全，大家都往那一条路走，就不用害怕被排挤。可是我要她选择对的事情，而不是选择接受现实。

对错要分清楚，这些人的选择是错的，你也要跟着错吗？不可以。比如明明不能往路上丢垃圾，可是你看到大家都往路上丢，所以你也要丢吗？不管对与错，盲目从众是很可怕的一种心理。

所以看书、选书的时候，我会看看里面真正要讲的是什么，有时候可能作者没有某种意思，可是我感觉有，我就会告诉她。很多书虽然是写给孩子们看的，可是也会给我们大人很多启发。

# 你哭吧，哭完还是要做

黄嘉千

我们家有个约定，绝对不会体罚孩子。夏天长这么大，根本不知道被父母打是什么感觉。其实我们根本用不着打她，只靠语言沟通她就能意识到自己的错误。有些父母真的会对孩子动手，打久了孩子也皮了，也不会再怕，所以最后并没有什么用。

比如夏天很想要一件东西，我们会跟她说，如果做到什么事，就可以买给她。可是她接下来的表现特别不好，怎么办呢？我们一定不会再买给她。我们不会因为她做错了事就打她，而是不把那个东西买给她，这对她来讲就是世界末日了，根本不用打。

然后她就会哭，我们就让她哭。因为这个结果是她选的，不好好做事，就是这个结果。

我会跟她说："你可以哭，因为你难过，我懂，你哭吧，可是你哭完之后也不会有。你很想要那个对不对？没办法，你前面没有做好，我怎么能给你呢？"

不管她哭得再凶，我们也会忍住不给。一旦给了，她以后就知道你根本说话不算话，只要哭闹一番就会妥协，下次遇到这种情况就会重演一番。

很多父母会因为不忍心或者想快点结束这件事，而满足孩子，说："好了，那你下次不要这样了，知不知道？"孩子嘴上说着"知道了"，但他还是会这样做，因为他吃定你会给。

说了不给，就一定不能给，因为我们家通常都会有惩罚，会给她真的惩罚。就像那一次我们去拍宣传照，有一个叔叔想跟她合影，她悄悄跟我说："我不想跟那个叔叔拍照。"我说："OK，那你想什么时候拍？""我们要离开之前。"我同意了。可是要离开的时候，她心情不好，还是不想跟人家拍。

我就生气了，说："不行，你就是哭也要跟人家拍完，这是你说的，而且你现在导致了一个最糟糕的状况，你让这个叔叔也很尴尬。"

那个叔叔说："算了，小孩子嘛，没关系。"

我跟那个叔叔说："不行，她说到就要做到，我不会让这件事情就这么过去。"

我跟夏克立的观念是一样的，他也没有要帮她的意思。

他对夏天说："夏天，你要说到做到，那是你自己选择的，你哭吧，哭完还是要拍，我们就这么等你哭完。如果你一开始就说你不拍，我就会跟那个叔叔说没有办法，不拍了，可是你既然跟人家承诺过，你离开的时候可以拍，那么你就得拍，要讲信用。"

我就是要她明白，答应人家的事情就得做到，否则就不要轻易答应。现在因为她的食言，让别人很不好意思，她把这件事情变成了很不好的事，我们非常不开心。

很多家长觉得没必要跟孩子解释这么多，我觉得必须解释，不然孩子根本不会知道自己错在哪里，也不会从中汲取教训。

# 生气了就可以乱喊乱叫吗

黄嘉千

夏天即使生气，也不可以乱喊乱叫，更不可以对父母拳打脚踢，这在我们家是绝对不允许的。如果一个孩子生气的时候，连自己的父母都可以乱踢乱打，那他将来会怎么样？我觉得想想都可怕。

有一次，夏天生气了，在家里挥舞着双手、乱叫乱跳的。我就把她叫过来，问她是跟谁学的，她说在外面看到有一个小孩这样发脾气。

我就跟她说：“这样很不好，妈妈生气的时候有没有这样发脾气？你为什么要这样呢？”

我们可以想一下，小孩子为什么会生气呢？往往因为得不到自己想要的东西。所以我要让她知道，这样做根本没用，不但得不到想要的东西，还可能会受罚。如果警告之后，她还这样大喊大叫的，我就会让她去面壁罚站。

小孩子最怕什么？无聊、不好玩。面壁是很无聊的，一站就得站那么久，面对一堵墙壁，什么都不能做。大人就无所谓了，站在那里还可以随便想想事情，发发呆，但是小孩子不行。

这种惩罚很有效，有过一次之后，她就会知道，哦，这样做不仅得不到想要的东西，而且会更糟——会受到惩罚，所以就不会再做这样的事情了。

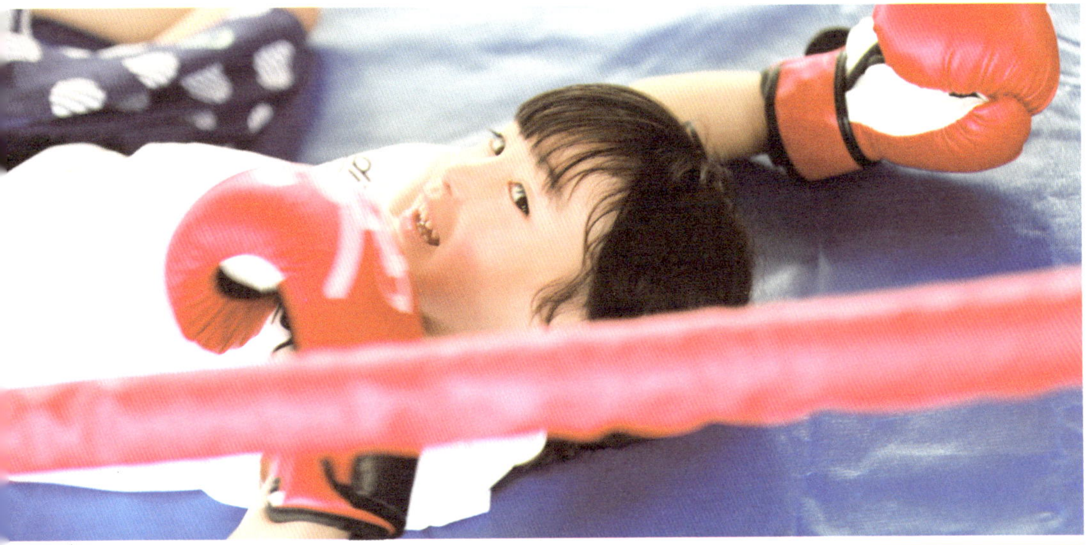

Hi
Mommy

# 4

# 第四章

## 夏天
## 是我们的镜子

*A Princess*
*By My Side*

Kiss poppy

# 你拿出来的玩具，你就得收回去

黄嘉千

模仿是孩子的一种天性，更是孩子的一种学习。通过模仿大人吃饭，孩子也学会了自己吃饭；通过模仿大人扫地，孩子也开始帮着父母做一些简单的家务；通过学习大人说话，孩子也会变得越来越有礼貌……虽然他们根本帮不上什么忙，但我们不能吝啬自己的夸奖，要经常表扬他们的热情，告诉他：“孩子你真棒！”同时也会要求他不要乱丢垃圾。

很多父母觉得，只有这一个孩子，就要疼爱他，舍不得让他做这些，实际上这很不利于孩子个体的独立。我们很早就让夏天参与做家务，也允许她在厨房中帮忙。她自己也喜欢做，有时候会跟爸爸一起做饼干。

我们家都是夏克立做饭，他比较会做，也很喜欢看美食节目，经常是一边看一边研究。夏天刚刚会抓东西的时候，夏克立榨果汁的时候，就会让她自己来抓来放。对她来讲，做这些事就是一种玩耍。她听到榨汁机的声音会吓一跳，有时候也会害怕，可是还是很喜欢。做饼干的时候，夏克立会让她来帮忙搅拌，她刚开始把东西拿过去就弄得乱七八糟的，到处都是面粉，厨房里像被抢劫过一样。但是慢慢地，她会模仿夏克立的样子揉面团，然后把面团从盆子里拿出来，放在盘子上面压。一直到现在，她依然喜欢跟夏克立一起待在厨房里。

但我们在煮饭的时候，绝对不准她过来，因为有火，这对她来说是非常危险的，我会跟她解释原因。我说："这里有火，你不准过来，你刚刚已经把要做的都做完了，现在请你去房间玩。"开饭前，我会问她："玩具收好了没？"

她有一个坏习惯，把一个玩具拿出来，然后又拿另外一个。我会跟她说："NO，你要玩别的是不是？那把这个先收好，再玩那个，因为两个东西不相干。"我会告诉她，没有人会帮她收，她必须自己来收，所以她玩过一个就立马收起来，再去玩另外一个。

经过这么久的训练，夏天现在已经很会收拾了，有时候她也会撒娇说："妈咪你可以帮我吗？"我说："我可以帮你，可是我要看你怎么收。"她都知道摆放位置的。

等她整理得差不多了，我才会帮忙整理，不会一开始就帮她。她以后就会知道，她要拿多少玩具出来，就得收回去多少，就不会把玩具乱丢了。

其实让孩子做家务的好处非常多，孩子的自理能力、动手能力、手脑协调能力都会得到锻炼和提升，而且学会做家务，多掌握一些生活技能，他们也会养成爱劳动的好习惯，体会到父母操持家庭的辛苦，从而懂得关心、体贴父母。孩子长大以后离开家，也会具备一定的生活自理能力，我们做父母的也不必过多担心了。

我们为什么总是不让孩子去做各种家务呢？最大的原因就是嫌孩子做得慢，觉得他们一定做不好，会越帮越忙。慢慢地，孩子就会认为家务活与自己无关，即使看到酱油瓶倒了，也不会把它扶起来。小孩子的确做得很慢，为了赶时间，我们总是忍不住帮他们去做。可是对小孩子真的不能这样，我们要留出足够的时间跟他耗，就是要训练他们自己去做，去收自己的玩具。父母可以当指挥官，指挥小孩做事也很好玩，干吗要把自己累得半死？

我们现在就是这样，我们会告诉自己：不要把自己累得半死，既然是她拿出来的玩具，你就得让她收回去。

事实上，每个孩子天生都是勤劳的，都是愿意做家务的，但如果我们在孩子愿意做家务的年纪没有培养他们的好习惯，等到他们不再喜欢参与家务时，我们又抱怨他们懒惰，为时已晚。说得严重些，孩子的懒惰都是父母造就的。

# 读书是我们家最快乐的时光

夏克立

现在互联网很发达，高科技的电子产品也很多，很多人家里都有好几台电脑、连着网络的电视、iPad，还有手机。很多家长有事要做的时候，就会把孩子交给这些电子产品来陪伴，所以很多孩子都沉迷于玩游戏而不能自拔，父母说什么都不听。

其实我们所有大人都知道，给孩子看手机、iPad 都不好，可是很多大人自己整天“机不离身”，在陪伴孩子的时候也忍不住去玩手机。其实这也是一种“冷暴力”，是对孩子感情上的冷漠。孩子会有被忽略的感觉，甚至认为在父母眼中，自己没有手机重要。为了弥补这种伤害，孩子可能会以哭闹的方式吸引父母的注意，或者去仿效，那还怎么控制？长期这么做，孩子就容易性格孤僻，不愿意和别人交流沟通。

所以，家长应以身作则，在小朋友面前减少用手机及平板电脑的时间，与孩子一起做游戏，一起听段音乐、唱唱歌，也可以走到户外，和孩子一起爬山、一起到树林里观察小动物和花草树木。陪他们一起看书，然后讨论，也是增加更多互动性的一个很棒的方法。总之，和孩子建立亲密的亲子关系，需要每天一点一滴积累，不是一蹴而就的。

在我们家，每天我们至少要陪伴夏天三十分钟。在陪伴她的时候，我们会全心全意地和她一起玩，不会再想着工作，也不再想着其他事情还没有做完怎么办。我们最喜欢做的事就是一起看书，一个个的文字没有感情，可是一旦组成了一个故事、一本书，它就是有温度、有感情的。

孩子的成长需要有书相伴，养成良好的阅读习惯会让孩子一生受益。怎么样才能让孩子多读书，读好书，建立起阅读习惯呢？我们家是从“选书”和“陪读”两方面着手来进行的。凡是要买给她看的书，我们自己都会先看一遍，觉得书里面的价值观以及文字和插图没问题才会拿给她看；每天晚上，我们都有固定的阅读时间。

读书这个习惯的培养，是需要日积月累的。但是现在很多父母可能会认为，现在已经是二十一世纪，是一个高科技的时代，所以给孩子买来各种各样的电子阅读设备，iPad、kindle 等，让孩子去阅读电子书。当然可以这样做，可是我想教我孩子的是一种不一样的感受。

未来会变成什么样我不知道，所以两者我都会让她碰，相对而言，我更喜欢让孩子多读纸质书，任何的电子书都无法代替纸质图书的阅读感受和阅读效果。毕竟孩子对实物的东西更敏感，对于电子的东西感知要差一点。

让夏天自己动手去翻书的感觉太棒了，很多纸质书制作非常精美，翻看的时候就是一种享受，这是阅读电子书时无法感受到的。很多儿童书籍的设计非常棒，封面很漂亮，插图、排版都是出自很棒的插画师或者设计师之手，不同的纸张、字体和排版会给孩子带来不同的体验，不知不觉中就可以帮助孩子培养一定的审美。

纸质书是一种艺术，而电子书只是快消品，是碎片化的，没有艺术感。我要让夏天读书的最大原因就是书籍有情感，可以翻阅，可以触摸得到，这正是我想要给她的感觉。对于孩子来说，培养他对书的感觉非常重要。

图书需要深度阅读和深度交流，它会带给孩子和父母一个比较完整独立的空间，让我们进行情感交流。如果孩子喜欢某本书，不管什么时候，只要他看到这本书，就会回忆起跟父母一起阅读、讨论的情景，而电子阅读器用上几年就会被淘汰。

我们可以帮孩子建立自己的书架，让孩子随时都可以翻阅，读完了可以跟父母进行交流，也可以带到学校去，跟他的朋友分享，对孩子的情商教育也是非常有帮助的。

# 喂故事书 长大的孩子

黄嘉千

夏天今年六岁了，从她能够与我们沟通起，每天晚上睡觉之前，我们都会给她读故事书。

由于我们是中西合璧的家庭，读故事书也是中西合璧风格的，一本英文书，一本中文书，给她选。我们会问她：“今天你要先‘临幸’谁？”如果她说：“今天我要爸爸先讲故事。”那好，夏克立讲完英文故事，然后换我进去讲中文故事。

给夏天读的故事书，我也是精挑细选过的，买回家后再让她去选，她要看哪一本都可以。我买书是有一套标准的，我会自己先浏览一下内容简介，看看这本书讲的是什么，然后在网上书店看评论。如果我觉得这本书对小孩子没有帮助，我就不会买来讲给她听。

对于书的内容，我都会自己先看，还会想好如何来讲清楚。比如，有本书里是讲辱骂别人、批评别人就会受到处罚的。我会跟夏天讲，如果我们不辱骂别人、不批评别人，是因为害怕被处罚，这个逻辑本身就是有问题的。我们不能因为害怕被处罚而不去做这样的事，而是本来就不应该说这些，这样做是不好的。这有本质上的区别。我会告诉她，为什么我们不批评别人——我们本来就不完美，我们自己都不好，为什么还要说别人不好？我们自己有这么多缺点，为什么还要说别人有缺点？

为什么我选书的标准这么严格？就是因为书的内容对孩子的教育来说影响太大了。我看一个故事、看一本书，如果我感觉我没办法解释、我自己做不到的时候，我就会放下，也许有别的很厉害的父母可以解释清楚吧。

# 我们都要学会放手

夏克立

夏天三岁多的时候，我们带着她去菲尔德看望我的父母，他们冬天常常住在那里。那几天，夏天每天晚上都会闹，嘉千为了哄她睡觉，也累得筋疲力尽。

我父母见状就说：“你们两个尽管出去玩吧，我们来看着夏天。”

嘉千说：“这哪行啊，她这样子闹，一定会给你们添很多麻烦的。”

我父母一看嘉千不肯放手，就把我拉到旁边去说：“你去跟你老婆说，放心交给我们就好。”

然后我就把嘉千拉到一边说了，嘉千还是担心夏天会闹人，交给我父母将会有什么什么问题。我说："我就是我父母一手带大的，我姐姐、弟弟也成长得很好，就把孩子交给他们试试吧。"然后我们就去迪士尼玩了。晚上我打电话回去问我母亲情况如何，我母亲说："你女儿九点半就已经睡了，她今天好乖，玩得很开心，睡觉前也没有哭，拍了几下她的背就睡着了。你们可以在外面多玩一天，我们跟你女儿玩得很开心。"

之前，夏天一哭，嘉千就会立刻跑去看她怎么了。我看了很多教育方面的书，知道哭闹其实是孩子在撒娇，希望自己得到照顾。这时候如果抱起他，他就会马上停止哭闹，但也很容易产生所谓的"爱抱的坏习惯"。但是，忽视他的撒娇，他的欲望得不到满足，长大之后又会缺乏安全感。所以，做父母真的是一门很深的学问，轻了重了都不行。

说实话，我觉得我和嘉千都是控制狂，我们一直在看夏天是不是OK，一直在说这个不行那个不行，根本做不到忽视她的哭闹。所以，夏天撒娇的方式快让嘉千发疯了。我们在的时候，她就会一直闹；我们离开后，她跟我父母反而相处得非常好，并没有闹，睡得也很好。

嘉千管我管得更多，她总会跟我说，我不要这样，不要那样。比如说我背不好，她一旦发现我做了什么不应该做的事情，就会跟我说，为了我好，不要这样。导致我跟她在一起就很紧张。我知道她是心疼我爱我，但是我有时候真的会忘记自己的背不好。

在这一点上，我就很佩服中国很多父母，他们对小孩很放手。

有一次我在高速公路服务区的洗手间里，见到一个小孩子在闹，旁边却没有大人。嘉千当时就很担心，说："这个小孩子可能会被偷走。"我当时开玩笑说："谁要偷啊，他那么吵。"

说实话，我也会控制我女儿，我也会好好看她，拍《爸爸去哪儿》的时候，节目组的编导跟我说："你女儿很乖，你要不就让她去看别的小孩，不一定要一直跟着你嘛。"可是我还是很担心，生怕她会发生什么事情。我明明知道，已经好好教过她过马路要看什么，遇到什么事应该怎么做。所以我也要学会放手，给她多一点成长空间。

# 妈咪要跟你说对不起

黄嘉千

孩子是离我们最近的人，可以说是我们的镜子，最容易发现我们的缺点和不足。

谁都免不了会有烦躁发火的时候，我也会发火。平时我跟夏天讲话，都是忍下脾气去讲的，都会先问为什么。有时候实在忍不了了，也会不问为什么，直接就开始批评。

我有时候心情不好从外面回来，看到她做错事的样子就不禁火大，可是我发完火之后，会跟她说："夏天，妈咪跟你讲，你知道妈咪为什么不开心吗？"我会跟她解释为什么，我们不会让这件事情没有结果，一定会在有能力修复关系的时候就开始修复。

我们会生孩子的气，孩子也会不开心，生我们的气，可是我们要有修复关系的方式。在这种时候，我会跟孩子讲："妈咪跟你说对不起，因为妈咪刚刚心情不好，所以有一半的时间妈咪讲话比较大声。"没有一个孩子会真正怨恨父母，他们都非常爱自己的父母，这么跟她解释一番，她就会释怀了。

有一次我们去拍照，我见她拍得很不开心，就蹲下来跟她说："妈咪跟你说对不起，我不知道你今天这么不开心。妈咪看你这样很难过，我以为你会开心，所以跟你说对不起。"我要让她明白，我不是要逼她开心，她有权利不开心。因为这件事是我想要她做的，所以我要说对不起。

很多父母以为，在孩子面前说对不起，好像是在示弱，其实并不是。我是真心跟她说"对不起"，是真的很难过，妈咪也会做错事情，所以对不起。

我们不是生下来就会做父母的，我们也是在陪着孩子长大的过程中来一步步学习怎么做的，自然难免会有一些缺点和不足。如何跟孩子解释自己的缺点和不足，也是与孩子共同成长的一部分。

# 孩子输在
# 起跑线上又何妨

黄嘉千

有一本书叫《小公主》，讲的是一个小公主很努力，但是拿不到奖杯，她很沮丧，最后老师给了她一个奖杯，告诉她因为她是最努力的。这个故事告诉我们，赢不重要，重要的是你有没有努力去争取过。

我们不会要求夏天一定要赢在起跑线上，输了也无所谓，日子那么长，不用跟人家拼第一，为什么非要拿第一呢？过程开不开心才是最重要的，从中学到什么才是最重要的，不是说赢了就开心，老二哲学我们觉得也挺好。

老二哲学就是看着那个第一，向他学习，也不必担心后面的人追上你，压力不会有那么大。可是排在第一名的人永远都会很辛苦，永远都在担心后面的人会追上他。所以孩子输在起跑线上我觉得还蛮好的，只要她享受那个过程就好。不用从一开始就给她那么大压力，孩子有孩子的路，输就输，也没什么大不了的。

我只希望她开心、健康、平安地长大，有个好人缘，懂得别人的心，她自己要有爱，要懂得付出，我觉得这些更加重要。她成绩好不好，不是那么重要。因为我们自己都不是那么完美。

# 对孩子最好的教育，就是父母的相爱

黄嘉千

我们结婚之后一直相处得很好，很少有争吵，但是因为夏克立讲话时脸经常涨红，语调的分贝也很高，而我也经常动作比较夸张，我们在模仿别人说话的时候，就会很大声，听起来就像在吵架一样。夏克立说："我跟你讲，怎么怎么。"然后我说："天哪，他怎么这样？"结果被夏天听到了，她会问我们："你们是在吵架吗？"

"对不起，我们真的没有。"然后我们两个就要亲给她看，表示我们很爱对方，每次都会跟她解释。

我在书上看到过一句话：对孩子最好的教育，就是父母的相爱，这份爱能带给孩子最多的安全感。养孩子不是一个人的责任，现在有很多夫妻要么整天吵架、冷战，要么分居、离婚。父母不相爱了，孩子的心灵靠什么滋养？

也许有些父母分开之后，依然可以各自为孩子提供爱，努力给孩子完整的爱，让他觉得自己一直在被父母所爱，这就是另外一种教育方式了。

我想说，父母在婚姻失败的时候，绝对不可以让孩子觉得你爸爸有多糟或者你妈妈有多糟，你爸爸外面有女人，你妈都不管你，他们根本不爱你，千万不要这样跟孩子讲。

我们要告诉孩子，你爸爸很爱你或者你妈妈很爱你，这件事情不是你的错，是我们在相处方面没有办法达成共识，所以我们才选择了这条路，可是爸爸还是很爱你，妈妈也还是很爱你，你永远是我们的宝贝。

因为父母的情绪会影响到孩子的情绪，所以我们从不会跟孩子讲对方的坏话。父母是孩子唯一的依靠，没有爱的家庭，孩子又如何快乐成长？一个父亲能为孩子做得最好的事情就是爱他的妈妈，夫妻间少点争吵，多点理解和包容，给孩子一个幸福、快乐的家。只有温馨的家庭，才能给孩子带来足够的安全感。

我们就经常会在孩子面前亲吻和拥抱，我们觉得这可以让孩子感受到父母之间的爱意，但是会注意分寸。中国很多父母羞于在孩子面前表达爱，因为小孩子有时候会害羞，但是这有什么好害羞的？只要告诉孩子，这是表达爱的一种方式就好了。

HAPPINE

5

# 第五章

## 我们是狠心的父母

*A Princess By My Side*

Kiss POPPY

# 先让她哭一会儿

黄嘉千

有一次，我们让一岁半的夏天在奶奶的房间睡，她在里面大哭。奶奶就说："你让我进去，陌生的环境她可能会害怕。"我说："妈，你先不要急着进去，等一下再进去，先让她哭一会儿。她一哭就有人进去，以后她会随便用哭来做任何事。"奶奶气坏了，但还是忍着没进去。后来奶奶进去的时候发现，夏天已经哭累了睡着了。

其实这件事，我们在夏天六个月大的时候就开始训练了，很多朋友都说我们太残忍，可是我真的能狠下心来去做。有一本书写得超好，叫作《百岁医生教我的育儿宝典》，我们就是从这本书里看来的方法。这本书在妈妈圈里广为流传，有一句话我看完之后就觉得一定要介绍给所有人，这句话就是：“现在你不让他哭，以后他就让你哭。”

# 不好好吃饭
# 就罚站

夏克立

夏天第一次被罚站的时候，好像还不到两岁，原因就是她不乖，没有好好吃饭。因为好好吃饭这件事情一直都是我们的教育课题。

如果她不肯吃饭，我们家的应对策略就是饿着你。因为夏天比较瘦，有朋友也会说："不给她吃饭，会不会营养跟不上啊。"

其实不会，平常我们很注重她的饮食营养，少吃一顿不会怎么样的。不会说，因为昨天没吃晚饭，孩子的骨头就缺了钙，根本没有这样的事。

我们家的一日三餐都会在正常的时间开始，午饭你不好好吃，过了这个点就没有任何东西给你吃了，包括零食，要一直等到吃晚饭才行。如果她好好吃饭，饭后休息的时候，我就会拿好吃的点心给她，但是她绝对不可以为了点心而不吃正餐。

有的时候她真的会这样，因为她只吃点心就够了，也不会有饿的感觉，所以就不肯吃饭，等着吃点心。这时我就会狠下心来惩罚她，不会再给她东西吃，有时候还要罚站。

管教的时候，父母一定要狠下心来，没有什么好讲的，就像有些父母会动手打孩子一样，是他们不爱自己的孩子吗？当然不是，因为爱，才会恨铁不成钢。我不给她吃东西也不是因为我狠心，而是因为我爱她。

# 你再这样，我们就回家

夏克立

小孩不好好跟人打招呼怎么办？

遇到这种事的时候，我们一定都是当场处理的，让她马上问好。

如果她问好时的情绪不好，表情不对，对人没有礼貌，事后我会找一个合适的时间，跟她聊天，问她：“那天你对那位叔叔态度不好噢，你是怎么了？”她就会跟我讲，是因为什么什么事。

如果在跟小朋友一起玩耍的过程中，夏天有了不好的行为，我们会马上跟她说：“不要这样噢，如果再这样，我们就回家噢。”如果她不听，又做了不好的行为，我们会马上跟同行的家长说：“不好意思，我们有点事，要先回家了。”夏天往往当场整个人都呆掉，不相信我们真的会带她回家，不能跟小朋友一起玩了。

我们不会像有的家长那样一直说：“不可以这样噢，再这样我们就回家了噢。”一直说，一直说到结束也不做。我们不会，就说一次，再发生，就马上回家。

只要一次，夏天就会知道了，哪些事情是不好的，不能做。她现在一听到我说：“夏天，过来。”她就知道刚才的行为不好，马上就不做了。

# 不然你去做
# 他们家的小孩啊

黄嘉千

现在学校里也经常有这种情况：小孩子之间会互相攀比，我有什么玩具，我有什么衣服，我有什么鞋子，我爸爸开什么车，我们家周末去哪儿玩了之类的。

夏天有时候看到别的小朋友有什么，也会回家跟我说：“妈妈，我想要那个，那个小朋友都有。”

我就会跟她说：“不行，每个家庭的情况不一样，他的家庭允许他有，但是我们家不允许。”

如果她还是想要，我会直接跟她说：“在妈妈这里不行，不然你去做他们家的小孩啊。”

家长的价值取向是孩子攀比心理形成的重要原因。其实攀比是人性的弱点，与生俱来，人人都有。但在孩子的认知里，这些东西还没与金钱、社会地位等现实问题挂起钩来，他们只是觉得，别人有的我也要有。

很多父母会觉得，再苦也不能苦孩子，如果不能满足孩子的要求，就是对不起孩子，所以会尽己所能地满足孩子的攀比心，要什么就给买什么。正是父母这种心理，滋长了孩子的攀比心理。

还有一些家庭不懂得量力而行，明明经济条件不允许，还要节衣缩食给孩子买品牌，这是何苦呢？不仅自己受累，孩子的要求也会越来越过分。如果孩子想要一套八百元的玩具，而你觉得无力承担，不妨直接告诉他：“妈妈没有那么多的钱。”没必要去找其他不相干的理由。但也要让孩子知道，买不起也不是一件丢脸的事情，不要因此失去自信。

父母若能利用好孩子的攀比心理，引导他向积极正面的方向发展，那就再好不过了。比如，让孩子和小伙伴比比谁读的书多、谁的画画得好、谁更经常帮妈妈做家务等。如果孩子表现很好，不妨送给孩子一个小礼物作为奖励。

# 现在开始倒计时

黄嘉千

现在几乎家家都有 iPad，小孩子都很喜欢玩电脑游戏，如果不提前跟他们约定好时间，他们就会一直玩，一直玩，玩上半天都不觉得累。夏天也是这样，我们家的规定是，每次只能玩半个小时到一个小时的时间，时间到了就得休息。可是，我们不会掐着时间说："时间到了，马上关掉，不许玩了。"

小孩子没有时间观念，我们会提前十分钟告诉她："先暂停一下，我要跟你讲话，你现在还有十分钟的时间，你刚刚已经玩了很久，十分钟后就不可以玩了。"如果到点儿就关掉电脑，孩子会发疯的，所以我们一定要跟孩子做预告，你现在剩二十分钟了，你现在剩十分钟了，你现在剩五分钟了，就一直这么预告，这样小孩子就会有心理准备，时间到了的时候，你收走电脑他也不会觉得很突然，就不会哭闹着不肯给你。

但是这也要看每个孩子的具体状况，如果电脑被拿走，他是心甘情愿的，我们就不用跟他预告；如果孩子会有发疯的状况，我们就必须预告。

“你不能跟我生气，如果你跟我生气，一个星期都不能玩了。如果你不遵守约定，大哭大闹，那以后你还是不要碰的好，因为你这种不好的反应一定是这个游戏带来的。”我会这么跟夏天说。

跟她沟通交流的时候，我们不是以命令的形式，而是以平等的方式来交流。一定要这样子，不然小孩子会不受控制。如果我之前已经跟她预告过剩下十分钟了，剩下五分钟了，我拿走的时候，夏天出现这种不好的反应，在我们家是不被允许的。

我会跟她说：“因为你之前没有过这种反应，所以我才让你玩这个游戏，所以这次是妈咪不对。你可以继续失控，你有这种反应是正常的，可是以后我不能让你玩了。因为没有这个游戏你就不会有这种反应。”

她就懂了，以后再玩的时候，她就不敢再有这种反应，因为她知道她做出这种反应后，一个星期都碰不到电脑了。我们也一定会说到做到，谁都不会偷偷再给她玩。我们也不会说：“我告诉你，这辈子你都不要再想玩游戏了！”这肯定是做不到的嘛，所以要有一个时间限制，但不宜过长，一个星期是最适宜的。

# 经历一点挫折又何妨

夏克立

夏天如果做错事了，大家都可以批评她，我不仅不生气，还很开心。如果有人说某个小孩长得太丑不好看，这种批评我就不喜欢，因为丑不丑不是自己能控制的事。

有的时候，长得很漂亮的小孩子反而很讨厌，他们处处被人所爱，没有经历过挫折，不知道一个不漂亮的人是什么感受，不经意间就会伤害到别人。有很多人看到夏天都会说“你好漂亮”，我总是避免让她接收到这种信息，我不想让她觉得自己很漂亮，不想让她变得太骄傲。

夏天由于是混血儿的缘故，长得和其他孩子有点不一样，还曾被别的小孩子说是杂种。那次我们去一个公园玩，夏天看到一群小孩子在那边玩，就过去跟他们说：“我可以跟你们一起玩吗？”一个大约七岁的孩子说：“不可以，你是杂种，不可以跟我们玩。”我不懂杂种是什么意思，就问身边的朋友，他们跟我解释说这是一句骂人的难听话。

夏天那个时候四岁，她也不懂，我就跟她解释说：“他们不跟你玩，是因为你比较小，他们不跟比较小的孩子玩。”夏天的普通话不标准，讲话有一点我的口音，她因此还被排斥过几次，还好她不知道。我小的时候也有过被排斥的经历。我上的是男校，由于发育很晚，个子很小，因此经常在学校被同学打，还被丢进过垃圾桶。有一次，在寒冷的冬天被同学用毛巾绑在公交车上，下车的时候已经过了学校很远。当时下着雪，我一步一步瑟瑟发抖着走回学校。结果因为迟到，被老师罚抄《圣经》一个小时。

我一直认为自己不会发育了，连医生都这么说，没想到十七岁之后就噌噌地开始长个子，后来到了新的学校，几个男生说我还不错，可以加入他们。他们看起来很酷，但我知道他们品德不好，所以拒绝了。小孩子只有吃点苦，经历过挫折，才分得清好坏。

既然遭遇挫折是人生必经的坎儿，作为父母，我们就必须教孩子学会接受挫折。我也无法做到永远让夏天生活在我们的“保护伞”下，无法一辈子替她遮风挡雨，我也不想让她一遇到挫折就躲入父母的怀抱中，不敢独自去面对，所以我们也会逐步让她自己学着去面对。

# 我不是完美妈妈

黄嘉千

“妈咪，你又在玩手机。”

“对呀，你有时候不是也在玩？”

这是我和夏天偶尔会有的对话。我有时候不想在孩子面前表现得太顽固，太像个大人，也会放轻松一下。

当然，在教她的时候是端着的，可是当我很想做一些自己的事情的时候，我就会装傻。她也会教我一些道理。我真的很努力地想要做一个好妈妈，可有时候还是会忘记做一些事情。

比如说，我吃饭前，有时会吃几块饼干。夏天看到了，就会说：

“妈咪，你不是说吃饭前不能吃东西吗？”

我说：“对，对不起，妈咪太不注意了，真的很谢谢你提醒我。”

“为什么你可以，我不行？”

“因为妈咪已经被你提醒做错了，你当然不能也错呀！”

有时候我会让她看到这种事，没办法，我在小孩子面前哪能装那么久？我也不是那么完美。可是不能每一次都这样，只能偶尔为之。

有时候我送夏天礼物，她会问我：“为什么要送我礼物，是因为我今天很乖给我的奖励吗？”

“不是，是因为你是我女儿，妈妈爱你，想送你礼物，这是应该的呀。”

女儿，妈妈永远爱你。

6

# 第六章

## 《爸爸去哪儿》趣事多

*A Princess By My Side*

KISS POPPY

# 陪伴就是
# 给孩子最好的爱

夏克立

很多人问我，当初是怎么决定去上《爸爸去哪儿》这个节目的。其实原因很简单，因为拍这个节目可以跟女儿待在一起。

之前我就拍过一档真人秀节目，叫《为我加油》，是一档很辛苦、很危险的真人秀。那个节目的拍摄期间，我每天晚上都会打电话给我女儿，我想死她了。嘉千在电话里跟我说，今天她掉了一颗牙齿，我不在；她今天学会说一句什么话，我也不在。那段时间我简直度日如年。

我觉得孩子的成长只有一次，所以宁愿舍弃工作，也要尽量多陪伴女儿，希望参与女儿的每个第一次。至今我还记得夏天第一次走路的可爱模样，当时 Poppy 抓着旁边的东西慢慢站了起来，我和嘉千就跟她说：“Poppy，走过来。”没想到她真的慢慢走过来了！那种感觉好奇妙,那一瞬间我好开心啊,我想每个父母都是这样的吧。

由于这样的原因，很多节目邀请我去，我都推掉了。离家比较近的节目或者影视剧，我会优先去接，因为每天晚上我都可以回家陪她。太长时间见不到她，我会疯掉的。无论接下什么节目，前提就是我每天可以接她回家，周末可以陪她，赚钱不需要太多，只要能够跟她在一起就好。来参加《爸爸去哪儿》之前，很多节目都邀请过夏天，我们都没有同意，因为我们觉得她还这么小，让她上这些节目没有什么益处。

而这个节目让我有机会天天跟她待在一起，并且陪她去看很多有趣的地方，这个是我想要的，所以我很开心地接受了邀请。夏天比较害羞，一开始我会怕她不喜欢这个节目，后来我又开始怕她去一些地方时会觉得太热、太干,不过在录制过程中我没听到过她抱怨,而且所有小孩子都没有抱怨，我很开心。明星的孩子上了电视节目以后，很多会变得很骄傲，要避免这个是很难的。所以我们上了《爸爸去哪儿》以后，一直给她洗脑，不想让她认为自己被这么多人关注和喜欢是因为她很厉害。

拍摄期间，夏天完全不懂，以为就是来玩的，所以表现得都很自然。夏天在家里面也常跟摄影机讲话，常常问它：“我漂亮吗？”

因为我告诉她，那是一个机器人，她却把它理解为一个有生命的东西，还给它起了名字。在电视上看到节目播出，她才知道我们是在做节目，会被很多人看到。

每个孩子都是上天送给父母的小天使，他们的一哭一笑，都牵动着父母的心。陪着孩子长大，是父母送给孩子最好的礼物。孩子在0—6岁之间特别需要父母的爱和陪伴，不然孩子的内心会缺乏安全感。只有在父母细腻的爱中成长起来的孩子，内心才会真正充满快乐，才是真正健康的孩子，而只有拥有真正的健康，孩子才能获得全面的发展。而且这段时光如此美好和短暂，如果不珍惜，就再也不能弥补了。

F
F

13

# 我女儿怎么会这么棒

夏克立

在节目组特意安排的一小时密室测试里，我和夏天的表现让很多观众心生感慨。很多人都跟我说，你们家的教育很成功。其实那个对我们而言，根本算不上是个考验。

我们有时候在家里什么玩具都没有，也可以玩上一个小时。我们可以扮演角色，你是老师，我是学生之类的，不知不觉就能玩上一个小时。我们不用手机，我喜欢她用头脑来想我们可以玩什么。也可以讲故事，我们可以一直玩得很开心。

在那个密室里面，我们有时间在一起玩就已经很开心了，所以她才会说，继续在里面玩也OK。我也觉得，所有跟她在一起的时间都是宝贵的，所以如果她要回去密室继续玩，我也愿意陪她一起玩，她开心就好。

在节目中，我们玩的是魔法，我最喜欢她用创意想一个故事出来，我觉得小孩子用他们头脑里面的一些创意来讲一个奇奇怪怪的故事非常好，会让他们变得很聪明，因为有创意就会有办法。

在节目里面，有一次我们的晚饭是烤鸡翅，由于之前我们做任务做得太慢，因此大家已经快吃饭了，我们还没有生火。当时已经很晚了，我怕我女儿饿了，心急火燎地做了一锅米饭。然后我找不到东西生火，在别人的提醒下，我用我的卫生纸终于把火生起来了，可是火太大，鸡翅都烧焦了。

然后夏天上来了，说她急着要上厕所，可是鸡翅快要好了，上完厕所之后，鸡翅可能会被烧焦，怎么办？但我还是马上带她去上厕所，出来鸡翅果然烤焦了。但是夏天却跟我说："爸爸，你烤的鸡翅看起来好好吃。"她也知道那是烧焦的、失败的鸡翅，如果是别人做的，她应该会说不想吃这个。那天我做的饭也是失败的，有些硬，她还很诚恳地跟我说："爸爸，这个是我吃过的最好吃的饭。"

不过这一段好像没有被拍进去，因为那个房间里没有摄影机。她知道我很用心，花了很多时间在做，所以她不想让我难过，她不想我受伤。我听到这些，感动得都要哭出来了，我觉得我女儿怎么会这么棒、这么好啊！我完全没想到，我变得更爱她了，上天怎么会赐给我一个这么好的女儿!

当然，这个世界上没有完美的孩子,她也有不好的地方，但是她已经懂得去安慰人了。

# 心中有爱，也要勇敢表达

夏克立

看过《爸爸去哪儿》第三季的朋友，都知道我们家有一个很好玩的爱心铃铛，我们出门的时候会随身携带，一摇铃铛就能得到夏天的亲吻。

这个铃铛是我在加拿大的蒙特利尔，也就是我的家乡买的。怎么会想到要买这个东西呢？因为我第一眼看到它就觉得好可爱，马上买下来拿给夏天看，她那个时候大概四岁半。我就问她：“夏天，你知道这是什么吗？有没有听到叮叮叮叮的声音？”

她说：“是铃铛！”

我说："对，你知道什么意思吗？如果我一摇这个，你听到叮叮叮的声音，就要过来亲我，妈咪一摇这个，你就要过去亲她。如果你想我们了，也可以摇。"买的时候我就想，这将是我跟我爱的人之间的一个有意思的约定。夏天也觉得很好玩，然后我们就把它从加拿大带回了家，每天都会用。

我就把它放在我书房的桌子上，夏天在房间玩，我在写东西，突然想她了，我就会摇一摇，她就会从房间飞奔过来亲我一口。这是一个非常美好的约定。有的时候我在看电视球赛，她一个人在玩，她就老是会摇它，叮叮叮，然后我就会放下球赛去亲她。我知道她是用这个方式来跟我说："爸比你不要看球赛，你来跟我玩。"即使是心爱的球队比赛，我也会放下去陪她，等她睡了之后我再去看。我的周末基本上都在陪她，平时晚上回来，在她睡觉前，也会陪她玩上一会儿。

西方人从小就习惯跟家人说"我爱你"，会亲吻以及拥抱父母。我离开家人的时候会打电话回去跟妈妈说："妈妈我爱你，你很棒。"给爸爸说："爸爸，我成长的过程中你花那么多时间来培养我，我真的很爱你。"如果有很长时间没见面，我会过去抱他们，我会哭，他们也会哭，我们觉得这不是丢脸的事情，这是在表达我们的爱。

可是在中国，人们不会这么做。我问为什么不抱，他们说不用抱，很久没有看到了，我岳母也不会抱我，我抱她的时候，她会不好意思，所以这是中西文化的差异。

我在 Facebook 上说过，父亲节、母亲节的时候，一定要去跟你的爸爸妈妈讲“我爱你”，要给妈妈一个拥抱。妈妈为我们做过那么多事情，我们可以念给她听。后来有人写信告诉我，他真的听了我的话，去跟妈妈说“谢谢你带我长大”，他妈妈流了很多眼泪，爸爸也在流眼泪，谢谢我提醒他做了这件事。

那种感觉真的很棒，只有表达出来，父母才会知道你爱他们。如果他们某天突然走了，而你还没对他们说过这些话，你肯定会生出无限的悔恨与难过，所以现在你可以每天讲，讲再多次都不嫌多。

我以前也不会跟我父母说“我爱你”，差不多十六岁的时候才开始学会说这句话。因为那时候我有一个朋友的爸爸突然过世了，他跟我说：“我一直没有跟我爸说过我爱他，可他已经走了，再没有机会说了。”他非常后悔。我一听到这个故事吓到了，当晚就跑到父母的房间跟爸爸妈妈说：“我爱你们。”从那天开始，每天睡前，我都会亲吻拥抱父母，跟他们说过这句话再去睡觉。

由于我们一直以来的各种引导，夏天在表达爱与感恩方面没有什么障碍，她不仅会跟我们说，也会跟她的朋友说“我爱你”。我们希望她在跟人交流的时候，也懂得表达，表达爱，表达感谢，一定要心中有爱，要勇敢。这就是我们对她的期待。

KiSS
poppy
KiSS
poppy
KISS

# 天堂是个
# 很漂亮的地方

夏克立

我们家曾经养过一只马尔济斯犬，名字叫吉鲁巴。夏天出生的时候，吉鲁巴已经十五岁了。可以说，它是陪着夏天长大的，他们感情非常好。夏天开始会走路时，摇摇晃晃的，很不稳，吉鲁巴一看到她站起来，就会走在她旁边，让她跌倒时可以抓到它，真的是一只很贴心又超级可爱的狗狗。

夏天第一次发出“爸”的声音时，大概是她一岁多的时候，那天我激动坏了，以为她是在叫我，没想到她喊的是吉鲁巴。因为她当时还不会发长的音，看到吉鲁巴就会叫它“巴”，有时候也会叫“吉巴”。这件事让我多少有点失落，也有点哭笑不得，不过，从另一个角度来想，说明她爱狗狗，我们也都爱狗狗，所以也就释怀了。

吉鲁巴离开这个世界的时候，已经十九岁了，夏天当时五岁。我们都很难过，夏天尤其伤心，毕竟他们朝夕相处了五年的时间，每天吃睡玩都在一起，吉鲁巴就是她的保护神，也是她最好的朋友，他们感情非常深厚。

吉鲁巴离开以后，我告诉夏天，吉鲁巴去了狗狗的天堂。天堂是个很漂亮并且有五彩祥云的地方，在那里，吉鲁巴会很开心。我想让她知道，死亡并不可怕，而是一件很美好的事情。我还告诉她，死亡是我们人类在成长的过程中，必须接受和面对的事情，这是谁也逃脱不了的自然规律。

在乌鲁木齐的乌拉斯台牧场，我们深夜躺在露天草堆上，看着满天繁星，第一次谈论起生死的问题。说到吉鲁巴的死，我告诉她：“有一天，我也会死去。”话刚一出口，就急坏了夏天，她十分焦急地趴到我的耳边说：“你走了我会跟你去。”看到她眼泪快要掉下来的小模样，我心里立刻涌起一股暖流，她舍不得我！

但我还是平静地跟她说：“你不用跟我去，现在还早呢。”我想传递给孩子一个观念，死亡这件事并不恐惧，而是一个很好的期望，我们以后会再见面。

夏天有一次问妈妈：“为什么吉鲁巴会死掉会离开？”

嘉千说：“因为它老了。”

夏天说：“那我不要变老，老了就会死，对不对？”

嘉千说：“对，一定会这样。可是我们每个人都会变老，你一定要学会面对。”

夏天说：“可是这样子，我会离开你啊，我不要离开你，你也不要离开我！”

嘉千说：“某一天一定会发生的，可是妈咪要告诉你，其实这是一件很美好的事，一件很棒的事。你看吉鲁巴老了以后，它可不可以走路？有没有办法吃东西？都没有，它老了以后，什么都做不了，怎么办呢？有一个地方非常适合它，它可以换到那个地方去继续开心地玩耍，不是很好吗？我们也是一样呀，我们老的时候也需要别人来照顾我们的吃喝拉撒。可是到了那个地方我们可以重生，不再生病，不再有痛苦，都是喜悦、开心和爱，多棒啊！以后我们每个人都会到那边去，你还是会看到我，我还会看到你，多棒？所以变老和死亡有没有那么可怕？真的没有！”

其实如何与孩子谈论“死亡”这个话题，才能让孩子理解又不给他们留下心理阴影，的确很难。中国人向来忌讳谈论死亡，每当涉及这个问题，父母通常是一句话带过：“去了很远很远的地方。”或者干脆岔开话题。但我们觉得，只有让孩子接受一定的死亡教育，他们才会珍惜生命，也才能对生命充满敬畏。

孩子不懂得这种离别是再也看不到的离别，但是我们要让孩子相信，有一天我们还会见面，这件事情一定会发生。当然，夏天听完这些还是懵懵懂懂的，可是我相信有一天她会懂，而且此刻她也不再纠结了。

总之，作为父母，我们要尽可能用委婉的方式告诉孩子死亡是什么，不要让孩子失去安全感，不要让孩子感觉到恐惧和惊吓，让他们明白，死亡是我们不得不面对的事，但我们也要尽力过好每一天，珍惜当下的所有。不要害怕死亡，因为我们想告诉她的是有盼望的。

# 后记

afterword

## 养育孩子，就是我们的自我修炼

*A Princess By My Side*

对父母来讲，养育孩子就是一个自身修炼的过程，因为一个孩子降临之后，需要我们花费特别多的时间和精力来照顾，而且这不是一天两天的事情，至少是十八年的长跑，这就意味着我们要花十八年以上的时间来陪伴这个孩子。

现在有太多父母把孩子生出来，产假过后就返回职场了，把孩子扔给爷爷奶奶或者保姆来带。他们以为眼下重要的不是陪伴孩子，而是为孩子的将来赚上足够的钱，等孩子长大些，到了要上学的年龄，再把孩子接回来就好了。殊不知，却错过了孩子最佳的心理成长期。

所以，我们不要别人来照顾，我们不要孩子被那个人的性格影响到，只有亲自带孩子，孩子的性情才会接近我们的期待，只有这样才可以确保她会长成什么样子。但是，这样也意味着我们要放弃很多工作机会，要做出一些牺牲。我们也不是没有权衡过，再三考虑后还是决定自己带。

可是有很多年轻的父母会说，我们如果不去赚钱，怎么养活家庭怎么给孩子好的生活呢？如果错过了孩子 0—3 岁这个关键的性格养成和能力培养期，就很难挽回了。这段时间也是孩子的安全感形成的最关键时期，如果此时能够得到父母充分的关爱，就能获得足够的安全感，否则就将终生寻找，焦虑和缺乏自信可能会伴随其一生。当一个孩子得不到安全感时，是不可能建立自信心的，就没有足够的力量去信任别人，情绪波动也比一般的孩子要大，遇到困难习惯逃避，承受挫折的能力也要弱很多。也可以说，0—3 岁的养育决定着孩子一生的幸福。

孩子的幸福比什么都重要。夏天三岁之前，我们可以说是寸步不离，走哪儿带哪儿，凡事都亲自来教，不会为了躲清闲就把她丢给别人，或者拿手机和 iPad 打发她。我们想要孩子养成一个很好的个性，就要在她三岁以前好好塑造，我们花了六年时间教养夏天，大家现在可以看到成果，我们自认为还算及格。

也有些妈妈为了孩子，放弃工作做了全职妈妈，这也是个很好的选择。但也不能说整天陪着孩子，就慢慢失去了自我，牢牢把孩子控制在身边。全职妈妈也要多学习，多读书，多带孩子去外面的精彩世界去看看，永葆一颗积极乐观、开放的心。

我跟我老公是协商好的，我工作的时候他照顾孩子，他工作的时候我照顾孩子。孩子到来之后，父母必然要放弃一些东西。如果有十件事情摆在眼前，那我们放弃其中三件好了，用空出来的时间陪孩子。如果你以前一天可以赚一百元，现在有了孩子只能赚七十元，少了三十元还是可以活得很好，只是少赚了一些而已。

作为一个职业女性，我给自己做了一个硬性的规定，每天下午五点必须下班，五点以后就是我跟我女儿的时间。我以前就是个工作狂，唱歌、演戏、做主持忙得不亦乐乎，周末也不休息，可是我现在告诉自己，我必须休息，因为那是属于家庭的时间。

现在有很多爸爸自己还是个孩子，完全意识不到“父亲”二字包含的责任。在孩子还不会叫他爸爸的时候，在孩子没有跟他互动之前，他不会像妈妈那样对孩子百般呵护，他对孩子没有太深的感情，只把孩子当一个玩具来看待，高兴的时候就逗一下，不高兴的时候就丢给别人，甚至会觉得孩子很吵、很麻烦，因为他不知道怎么陪伴孩子才好。

其实做父亲也是一门功课，谁也不要说自己不会抱孩子、不会换尿布、不会陪他玩游戏，你只是懒得去做而已，因为你有别的事情要做，因为你脑子里在想别的事，因为你认为那些事情比孩子更重要。这才是真相。在没有别的事情要忙的时候，你是不是宁愿玩手机、玩电脑，也不想抱抱他？如果是这样，那你就不要生。

说到底，就是一个问题——你是否打心眼里想要去付出？有时候我也会这样，忙了一整天，回到家里还要陪小孩，就会想："我可不可以有一点自己的时间？"做了父母，有了小孩，真的没办法，必须牺牲，必须放下你的手机、电脑和工作，逼着自己去做。我们出这本书，就是想跟大家分享自己的育女经验，我们的初衷绝不是要教大家怎么做，因为我们也不是完美的父母，更不是教育专家，如果这本书能给你一点点启发，我们就很开心了。

I

# 爸爸的信

亲爱的猴子：

之所以这样叫你，是因为当你还很小的时候就喜欢挂在我身上爬来爬去，像只在丛林树上的猴子。你的好奇心是那么强，总是问东问西。爸爸，为什么我要去学校呀？为什么我要学习呀？为什么我必须变得聪明呀？为什么呀？为什么呀？为什么呀？你一个接着一个地问，我尽最大的努力一个接着一个地回答。

当你成长为一个小女孩，我也成长为一个称职的父亲。当你学习的时候，我也学习。当你犯错的时候，我也会犯错。当你哭泣的时候，我故作坚强，轻轻地把你抱在怀中好让你觉得安全，但其实，我的内心也在哭泣。

当你看向世界，发现新鲜的事物，我也会把它们当作新鲜的事物。当你第一次从跳水板上一跃而下，穿过整个游泳池游向阶梯，我为你欣喜不已，骄傲不已。当你对着一个陌生人说“请”“谢谢”并让他们微笑的时候，我也是一位骄傲的父亲。在一次儿童游戏中，你和一群一无所有的孩子分享你所有的贴纸，尽管你自己都所剩无几了，但你毫不在意，反而非常快乐。你总是在乎别人的感受，尽管你自己是如此渺小。

周游世界时，我总是把你扔向各种旅馆的游泳池，带你尝试各种餐厅，因为你是我最珍爱的宝物。

每次你要入睡时，尽管我也很累，而且有很多工作要完成，但我更加乐意为你阅读睡前故事，轻轻地摩挲着你的后背。

你用云朵、花儿和猫咪擦亮我的指甲；

你和我一起烘焙巧克力蛋糕、曲奇饼干，你擦亮曲奇混合饼干的盒子；

你是我的小老板，坐在我的后座椅上，玩着我的立体音响；每一次出行，都渴望一盒水果礼盒。

你总是能让我非常骄傲，你将永远是我每天最珍爱的礼物。

我爱你，我不知道是否还有父亲会比我更加爱自己的女儿，我爱你，每天，每夜。

每当我不在你身边的时候，请记住，我一直站在这里，因为我已经秘密地住进了你的心里，所以我们永远也不会分开。

我会永远地爱着你，Poppy，我为你骄傲。

爸爸

Dear Monkey,

I call you this because when you were little you used to hang and climb all over me like a Monkey in the jungle trees. You were curious about everything and asked lots of questions. Daddy, why do I go to school? Why do I have to learn? Why do I have to be smart? Why? Why? Why? You asked so many questions one after the other I answered every one as best as I could.

As you grew up as a little girl, I too grew up as a Dad. As you learned, I learned. As you made mistakes, so did I. When you cried, I stayed strong and held you tight so you'd feel secure but often I was crying inside too.

When you looked at the world and saw new things, I saw them as new again too. When you jumped off the diving board, swam to the ladder or all the way across the pool for the first time I cheered for you and was so proud of you I could explode.

When you said please and thank you to strangers and made them smile I was always a very proud father.

When you shared all your stickers with the little kids who had nothing at the needy children's event, you were so happy to have shared and didn't focus on the fact that you had no more stickers yourself. You always thought about the feelings of others even when you were so small.

When I threw you about in many hotel swimming pools around the world, and tried many different restaurants, you were always my favourite date.

Even though I was tired by your bedtime and I still had work to do I always cherished reading you bedtime stories and scratching your back.

You polished my nails with clouds, flowers and cats.

You baked brownies and cookies with me and polished off the cookie mix bowl.

My little boss in the back seat, controlling my stereo and always expecting a box of fruit on every ride.

You have always made me so proud and you will always be my favourite thing of my every day.

I don't think a father could love his daughter any more than I love you and I love you more and more every day.

When the day comes that I'm not around please remember that I'm always there because I secretly built myself into you so we can never be apart.

I will always love you Poppy and I am so proud of you.

Daddy

# 妈妈的信

Poppy：

二〇〇九年三月，你出现了，那时妈咪的身体不太好，必须好好躺着，就在那时候，你第一次表现了你的努力，你努力乖乖地在我肚子里慢慢长大，我耐心地等待与你见面。直到二〇〇九年十二月二日，我们终于见面了，好陌生的脸却非常熟悉的感觉！现在想起来，那是我这辈子最美妙的时刻，抱着软软又温暖的你，看着你的脸，脑袋是空白的。我承认，面对小小的你，我真不知道我要做什么。我让自己脑袋空白，我甚至还没有适应所发生的一切，也还没有准备好即将面临的种种，我就享受抱着你的感觉。

你刚出生，没问你喜不喜欢，就带你到处跑。你两个月大，没问你要不要，就让你下水游泳。你六个月大，也没征求你同意，就让你独自睡觉。你一岁时，没问你愿不愿意，就让你要分享。你两岁时，更没跟你讨论，就送你去学校。你三岁时，没问你敢不敢，就让你跳水。你大哭，我常忍着不抱你；你跌倒，我不马上去扶你而让你自己站起来；你被骂，我不插手；你被罚站，我不过去而让你自己一个人站在那儿；你做错事，我总是用非常严厉的眼神看着你；你说错话，我用非常严肃的脸对着你；吃你不喜欢吃的，做你不想做的。我规定了好多，好多。Poppy，妈咪想让你知道这是我爱你的方式。妈咪还在学怎么当你的妈咪，妈咪还在学习怎么把你教好，妈咪还有好多不会的，妈咪有时粗心，有时累，有时脾气不好，这所有的一切，小小的你接受了这样不完美的妈咪。你告诉我："妈咪，这是我爱你的方式！"你总是尽心尽力爱所有的一切，你努力学习勇敢、谦卑、同理心，你更努力学习有勇气面对失望、失败。不管你做了什么对或错的事，你永远都是我最珍贵的宝贝！你是上帝赐给我最美好的恩典！

我永远爱你——我的Poppy。

妈咪

## 小小的美好

*作曲：吴梦奇*
*作词：唐恬*

黄　　：小小一朵花 在夏天
给她时间 等着她长成花园
小小一只鸟 飞不远
给她自由 她才会越飞越美

夏　天：小小一个我 有魔法
亲亲爸爸 他变成有胡子的王子
小小一个家 像童话
妈妈说 最大的魔法是爱呀

夏、黄：爱是用小小的美好
给世界大大的拥抱
小公主最大的财宝
是相信快乐最重要
我爱你小小的美好
给世界大大的拥抱
公主不一定关在城堡
她非常爱笑 提着裙子奔跑

夏　天：Daddy 公主是什么样子的

夏　　：公主啊
有着漂亮的衣服也可以玩泥巴

夏　天：Daddy 那星星是从哪里来的

夏　　：因为月亮一个人发光很孤独
所以分享了光芒 就有了满天星星

夏　天：小小一个我 有魔法
让不说话的人 都变成好朋友
我想要长大 可是我害怕
妈妈说 相信爱就勇敢出发

夏、黄：爱是用小小的美好
给世界大大的拥抱
小公主最大的财宝
是相信快乐最重要
我爱你小小的美好
给世界大大的拥抱

公主不一定关在城堡
她非常爱笑 提着裙子奔跑

夏　天：如果我下雨天撑伞的时候
我会不会变成小蘑菇啊

夏　　：当然会啊
那样 Daddy 就会站在小蘑菇身边
变成一棵大树

夏　天：Daddy
为什么书里面的王子都没有胡子啊

夏　　：因为王子长大了就会
变成保护公主的骑士

夏　天：那你是不是我的骑士

夏　　：有一天
Poppy 会遇见没有胡子的王子
但 Daddy 是你永远的骑士